Lesehefte
Politik — Gesellschaft — Wirtschaft
für die Sekundarstufe I

Herausgegeben von Jürgen Feick und Herbert Uhl

Brigitte Schenkluhn

Wahlen in der Bundesrepublik Deutschland

Lehrerbegleitblatt

 Ernst Klett Verlag

1. Zur Bedeutung des Themas

Wahlen stehen in relativ kurzen Abständen regelmäßig auf den verschiedenen politischen Ebenen an: Kommunalwahlen, Landtagswahlen, Bundestagswahlen. Schüler sind hiervon als aktive Teilnehmer i. d. R. noch nicht betroffen, und für den Schülerkreis, an den sich dieses Leseheft richtet, ist die erste Teilnahme an solch einer Wahl noch Jahre entfernt. Und doch wird das Geschehen nicht ohne Effekt an diesen Schülern vorbeigehen. Der Wahlkampf, vor allem der Bundestagswahlkampf, beherrscht die Medien, Politikerköpfe schauen in der Vorwahlzeit von Plakaten längs der Hauptverkehrsstraßen herab, auf den Wochenmärkten werben die Wahlkreiskandidaten mit Blumen, Kugelschreibern, Spielbällen und Luftballons auch für Kinder um die Stimmen der Erwachsenen. In dieser Atmosphäre des politischen Wettkampfes werden bei den Erwachsenen verstärkt Reaktionen der Ablehnung, Zustimmung oder aber auch der Gleichgültigkeit hervorgerufen. Die Wahl bringt damit bei den Erwachsenen ein ganzes Bündel an Einstellungen an die Oberfläche. Einstellungen gegenüber dem Kandidaten, einer bestimmten Partei oder dem Parteiensystem als ganzen, Einstellungen aber auch gegenüber der Wahl als Institution im System einer repräsentativen Demokratie. Diese Reaktionen der Erwachsenen beeinflussen nun entscheidend die sich heranbildenden politischen Einstellungen der Jugendlichen und zwar um so mehr, je weniger diese Jugendlichen eigene Erfahrungen durch aktive Teilnahme am Wahlgeschehen machen können.
Die Lücke eigener Erfahrungen will dieses Leseheft schließen helfen durch das Angebot von Informationen und die Offenlegung unterschiedlicher Bewertungsmaßstäbe. Ziel dieses Lese-

heftes ist es, so den Jugendlichen in die Lage zu versetzen, den für die Legitimation des politischen Systems der Bundesrepublik zentralen Vorgang der Wahl besser beurteilen zu können und ihm zu helfen, eine eigene Einstellung nicht nur durch die Übernahme der (Vor-)Urteile der Erwachsenen seiner Umgebung zu erlangen, sondern durch eine eigene kritische Bewertung.

2. Diskussionsstand

Bei der Diskussion des Themas Wahlen stoßen i. d. R. zwei normative demokratietheoretische Perspektiven aufeinander.
- Die erste kann man als „Systemperspektive" bezeichnen. Hier fragt man nach den Bedingungen für ein gutes Funktionieren des demokratischen Systems. Als demokratisch gilt ein System dann, wenn in ihm in regelmäßigen Abständen freie, gleiche, geheime, allgemeine und direkte Wahlen durchgeführt werden. In der Behandlung des Themas Wahlen geht es darum festzustellen, ob die Organisation dieser Wahlen, d. h. ihre eher technische Ausgestaltung, so beschaffen ist, daß sie die Funktionsfähigkeit des politischen Systems sicherstellt.
- Die zweite Perspektive kann man als „Partizipationsperspektive" kennzeichnen. Demokratie bemißt sich hier nach dem Grad der Teilnahme, die ein politisches System seinen Mitgliedern eröffnet. Wahlen sind hier zunächst nur eine formale Voraussetzung und dahingehend kritisch in Augenschein zu nehmen, inwieweit sie dem einzelnen reale politische Mitwirkungsmöglichkeiten eröffnen. Formal demokratisch strukturierte Systeme können so mehr oder weniger demokratisch sein, je nach dem Grad an Partizipation, den sie ihren Mitgliedern bieten.

Je nach der zugrundegelegten Perspektive fallen die Anforderungen an ein Wahlsystem zwangsläufig unterschiedlich und teilweise sogar gegensätzlich aus.

Aus der *Systemperspektive* heraus soll das Wahlsystem sicherstellen, daß jede Wahl eine stabile, regierungsfähige Mehrheit hervorbringt. Es soll weiterhin gewährleisten, daß eine starke Opposition entsteht, die sich dem Wähler als Alternative zur Regierungsmehrheit anbietet. Ist der Wähler dann mit der Arbeit der amtierenden Regierung unzufrieden, kann er seine Stimme bei der nächsten Wahl der Opposition geben und sie damit zur neuen Regierung machen.
Hier kann die Wahl begriffen werden als demokratische Methode, mit der die Chance eines Machtwechsels sichergestellt wird und damit die Responsivität der gewählten politischen Führung in bezug auf die Wünsche ihrer Wähler erhalten bleibt.
In optimaler Weise sah man diesen Mechanismus im englischen Wahlsystem mit relativer Mehrheitswahl und Zweiparteiensystem erfüllt. In der Bundesrepublik wurde noch bis Ende der 60er Jahre mit dem Argument der größeren politischen Stabilität eine Ablösung des Systems der Verhältniswahl durch die Mehrheitswahl angestrebt. Heute hat sich allerdings die Einsicht durchgesetzt, daß jedes Wahlsystem sozial und kulturell in seinem Land verankert ist, und eine simple Übertragung eines vermeintlich idealen (im englischen Fall auch idealisierten) Wahlsystems in ein anderes sozio-kulturelles Umfeld die dortigen Stabilitätsprobleme nicht automatisch löst. An der grundlegenden Systemperspektive ändert dies freilich nichts, wohl aber hat dies die Erkenntnis zur Folge, daß die Antwort auf die Frage

nach dem „optimalen Wahlsystem" für jedes Land anders lauten kann.
Ein möglichst hoher Grad an Partizipation ist unter dem Gesichtspunkt der Systemstabilität allerdings nicht in jedem Fall wünschenswert. Wird das politische System mit den Ansprüchen der einzelnen überlastet, führen Konflikte zum Hinauszögern wichtiger Entscheidungsprozesse, so können „Unregierbarkeit" und Systeminstabilitäten die Folge sein. Hier geraten die beiden demokratietheoretischen Perspektiven in einen direkten Widerspruch zueinander.
Dieser Widerspruch wird auch deutlich, wenn aus der *Partizipationsperspektive* heraus der Vorgang der Wahl kritisch hinterfragt wird. Gerät der Akt der Wahl zur bloßen Stimm„abgabe" im wortwörtlichen Sinne, ohne daß der einzelne seinen Anspruch auf politische Mitbestimmung auch inhaltlich realisieren kann, so dient die Wahl lediglich der formalen Legitimation. Dies ist um so eher der Fall, je stärker die politischen Eliten einen in sich geschlossenen Kreis bilden und auch bei einem Regierungswechsel infolge von Wahlen die neuen Amtsinhaber dem gleichen Kreis angehören. Die Verfolgung der Eigeninteressen dieses gesellschaftlichen Kreises tritt dann in den Vordergrund, die Bindung an die Wünsche des Wählers hingegen reduziert sich auf ein Minimum.
Untersuchungen aus dieser Perspektive heraus fragen nach den Partizipationschancen bei der Kandidatenaufstellung durch die Parteien. Im Zusammenhang mit der technischen Ausgestaltung des Wahlsystems interessiert, welche Chancen vor allem gesellschaftlich benachteiligte Gruppen haben, auf parlamentarischer Ebene repräsentiert zu werden. Und man beschäftigt sich mit der Frage, ob die zur Wahl stehenden Parteien dem Wähler tatsächlich „echte" Alternativen anbieten.
Damit dürfte deutlich geworden sein, daß die normativen Vorstellungen von Demokratie nicht nur zu unterschiedlichen Funktionszuweisungen an den Wahlvorgang führen, sondern auch das Augenmerk auf sehr verschiedene Untersuchungsfragen lenken. In diesem Leseheft sollen die kritischen Fragen der beiden oben dargestellten Richtungen aufgegriffen und – soweit sie sich auf den gleichen Gegenstand beziehen – einander gegenübergestellt werden.

3. Fragestellung und Lernziele

Dieses Leseheft verfolgt zwei Ziele: Zunächst sollen die demokratietheoretischen Fragestellungen aufgezeigt werden, durch die einerseits der zentrale Stellenwert von Wahlen in westlichen demokratischen Systemen erst begründet wird, die aber andererseits auch den Maßstab für die kritische Beurteilung aktueller Wahlvorgänge liefern. Breiten Raum soll jedoch zugleich die Vermittlung technischen Wissens einnehmen. Der Vorgang der Wahl soll dem Schüler so weitgehend erläutert werden, daß er in der Lage ist, jede einzelne Etappe zu verfolgen und in ihren Auswirkungen zu beurteilen.
Mit den demokratietheoretischen Grundlagen beschäftigt sich Teil I. Anknüpfend an alltäglich erfahrbare Situationen von Wahlhandlungen wird der Begriff der Wahl beleuchtet, um dann am Beispiel der Wahl des Klassensprechers aufzuzeigen, was politische Wahlen von solchen alltäglichen Wahlhandlungen unterscheidet. Das Ergebnis lautet: Das Recht auf politische Mitwirkung des einzelnen wird in Systemen der repräsentativen Demokratie über Delegation und

Kontrolle durch Wahlen erst realisiert. Kritisch hinterfragt wird dieses Modell durch die Vertreter einer plebiszitären Demokratievorstellung. In der Gegenüberstellung von Originalzitaten, angefangen bei Aristoteles über Madison, Rousseau und Lenin bis hin zu den Argumenten der verfassungsgebenden Versammlung der Bundesrepublik, dem Parlamentarischen Rat, soll dem Schüler eine Vorstellung davon vermittelt werden, wie alt diese Kontroverse um die politische Beteiligung und die Frage nach einem sinnvollen Modus der politischen Entscheidungsfindung ist. Im Anschluß an diesen ersten Teil soll der Schüler in der Lage sein, die beiden demokratietheoretischen Standpunkte gegeneinander abzuwägen, die Begründung der repräsentativen Form der Demokratie in der Bundesrepublik nachzuvollziehen wie auch die Ansatzpunkte einer immer wieder aufflammenden Kritik zu sehen.

Die Wahlen zum Deutschen Bundestag werden nun in Teil II Schritt für Schritt erläutert, beginnend mit der Klärung der Voraussetzungen des aktiven Wahlrechts, über die Frage des passiven Wahlrechts, der Stimmabgabe, Stimmenverwertung und der Umsetzung in ein Wahlergebnis. Dies ist i. d. R. auch das Programm der gängigen Schulbücher, in diesem Leseheft allerdings erweitert um wesentliche Diskussionspunkte.

So wird in den Schulbüchern das aktive Wahlrecht erläutert, selten aber die Frage nach den Ausschlußgründen gestellt, an denen sich eine kontroverse Diskussion erst entzündet. Heute mündet dies in die Diskussion um das Ausländerwahlrecht, „gestern" ging es um die Herabsetzung des Wahlalters, „vorgestern" um die Frage eines allgemeinen Wahlrechts für Männer und Frauen. In der hier aufgezeigten historischen Perspektive können die Argumente für einen Ausschluß bestimmter Bevölkerungsgruppen gestern und heute miteinander verglichen und das aktuelle Problem eingeordnet werden in die langfristige Auseinandersetzung um die Ausbreitung politischer Partizipation.

Im Zusammenhang mit dem passiven Wahlrecht werden über die Erläuterung hinausgehend in Kapitel II 3. und II 4. die tatsächlichen Möglichkeiten, eine Kandidatur zu erlangen, aufgezeigt, hier am fiktiven Beispiel einer Kölner Schulrektorin. Der Schüler erfährt, welche formalen und informellen Voraussetzungen ein Kandidat bzw. eine Kandidatin erfüllen muß, um mit Aussicht auf Erfolg zu kandidieren. Diese, durch die Organisation der Wahl und das Wählerverhalten gegebenen Bedingungen lassen die herausgehobene Stellung der Parteien deutlich werden. Das Interesse wird damit sowohl auf die Frage der innerparteilichen Demokratie (Partizipationsperspektive) als auch auf die Frage eines sinnvollen Rekrutierungsmodus (Systemperspektive) gelenkt. Der politisch interessierte Schüler mag hier zudem Ansatzpunkte für eine eigene politische Arbeit finden.

Auf dem Weg zum Wahlergebnis hin ist die Stimmenverwertung der nächste Schritt (Kapitel II 5.). Der i. d. R. im Dunkeln gelassene 3stufige Prozeß der Verteilung der Mandate an die Parteien und dort an die Kandidaten nach Direkt- und Listenmandaten wird hier erklärt. Dabei lernt der Schüler die in der Bundesrepublik praktizierte Mischung aus Mehrheits- und Verhältniswahl kennen. Er kann nun nachvollziehen, welchen Effekt eine reine Mehrheitswahl oder eine reine Verhältniswahl für die Mandatsverteilung und die Regierungsbildung zur Folge hätte. Vor diesem Hintergrund kann er das allgemeine pro und contra um die beiden Wahlsysteme gegeneinander abwägen. Auch wenn die Kontroverse die Brisanz der 60er Jahre verloren hat, so macht sie doch auch heute noch deutlich, daß es sich bei der Frage des Wahlsystems nicht nur um eine technisch-organisatorische Regelung handelt, sondern die Entscheidung für ein Wahlsystem eine politische, d. h. die Machtverhältnisse beeinflussende Entscheidung ist. Das letzte Kapitel (II 6.) setzt sich mit der Frage auseinander, welche Einflußmöglichkeiten der einzelne Wähler mit seiner Stimme tatsächlich auf die Inhalte der Regierungspolitik ausüben kann. In der Bevölkerung wie auch in der wissenschaftlichen Diskussion sind hierzu kontroverse Einstellungen und Meinungen zu finden. Eine eindeutige Antwort läßt sich hier nicht präsentieren. Wohl aber wird ein Untersuchungsraster aufgezeigt, anhand dessen der Schüler selber überprüfen kann, ob und wo er zwischen den Parteien und den von ihnen gebildeten Regierungen Unterschiede entdecken kann. Klar wird allerdings zum Abschluß darauf verwiesen, daß die Wahl nur eine unter mehreren Möglichkeiten der politischen Einflußnahme ist, die nicht unabhängig von den anderen – der Einwirkung über Interessengruppen, Medien und über die Parteien selbst – gesehen werden kann.

4. Planungsvorschläge für den Unterricht

Unterrichtsreihe (12 Stunden)

Thematische Leitfragen	Materielle und didaktische Hinweise	Stundenzahl
1. Wahlhandlungen im Alltag – In welchen Situationen wird gewählt, in welchen wählt der Schüler selbst?	Die Unterrichtsstunde dient als Einführung in das Thema. Die Schüler sollen einen persönlichen Bezug zum Thema herstellen.	1
– Was bedeutet wählen in den genannten Situationen?	Anhand der von den Schülern mit Wahlen in Verbindung gebrachten Situationen soll der Begriff der Wahl erläutert werden. Kap. I 2.	
– Was hält man von politischen Wahlen, findet man sie gut, schlecht, sinnvoll, sinnlos?	Die bei den Schülern vorhandenen Einstellungen gegenüber politischen Wahlen (Bundestagswahl) sollen ermittelt und verglichen werden mit ihrer Einstellung gegenüber solchen Wahlen, an denen sie bereits aktiv teilgenommen haben (Klassensprecherwahl, Vereinswahlen, Wahl eines Sprechers in einer Clique).	
2. Der Stellenwert von Wahlen in demokratischen Systemen – Warum werden in der Schule	Die Vorstellung von Demokratie als Mitwirkungsrecht der Betroffenen	2

Thematische Leitfragen	Materielle und didaktische Hinweise	Stundenzahl
Klassen- und Jahrgangssprecher gewählt? An welchen Entscheidungen können die Schülervertreter mitwirken?	bei wichtigen Entscheidungen soll dem Schüler vermittelt werden. Davon ausgehend können Gründe dafür gesucht werden, warum in demokratischen Systemen auf verschiedenen Ebenen gewählt wird.	
– Wer wird auf der Ebene von Bund und Länder gewählt? Worüber können die Abgeordneten in den Landtagen und im Bundestag entscheiden?	Kap. I 1. Kap. I 3. Kap. I 4.	
3. Wahlen in der repräsentativen Demokratie – Welche anderen Formen der Entscheidungsmitwirkung durch die Bevölkerung könnte es geben? – Warum wird in der Bundesrepublik das Volk nur indirekt am Entscheidungsprozeß beteiligt?	Die Möglichkeiten, die Bevölkerung in großen Flächenstaaten an der politischen Entscheidungsfindung zu beteiligen, können hier an einem Beispiel durchgespielt werden. Das pro und contra von repräsentativen und plebiszitären Entscheidungsprozessen soll dabei herausgearbeitet werden. Kap. I 5.	1
4. Das aktive Wahlrecht – Was bedeutet „aktives Wahlrecht"? – Sollte das aktive Wahlrecht allen Einwohnern eines Landes ohne Einschränkung zugestanden werden? – Wie sah das früher aus, durften alle, die heute wahlberechtigt sind, auch vor 100 Jahren wählen? Und vor ca. 20 Jahren?	Die Schüler sollen das derzeit in der Bundesrepublik gültige aktive Wahlrecht kennenlernen und diskutieren, was ein Ausschluß von diesem Recht für einen einzelnen bedeutet. Ein Vergleich der Ausschlußgründe in der historischen Entwicklung kann dazu führen, Gegensätze in der aktuellen Diskussion um das Ausländerwahlrecht zu relativieren. Kap. II 1.	2
5. Die Technik des Wählens und des Gewähltwerdens – Wo und wie gibt man seine Stimme ab?	Kap. II 2. Kap. II 3.	2

Thematische Leitfragen	Materielle und didaktische Hinweise	Stundenzahl
– Wer hat das passive Wahlrecht? – Wer stellt die Kandidaten auf?		
6. Die Erfolgschancen eines Kandidaten/einer Kandidatin – Welchem Kandidaten würde man selbst seine Stimme geben, welche Eigenschaften und Fähigkeiten müßte er (sie) besitzen?	Die eigenen Vorstellungen über den geeigneten Kandidaten können zunächst am Beispiel der Klassensprecherwahl entwickelt werden. Weiterentwickelte Vorstellungen über den geeigneten Bundestagskandidaten sollten dann mit dem Quellentext im Leseheft verglichen werden. Kap. II 4.	1
7. Die Stimmenverwertung	Die technische Umsetzung der Stimmabgabe in Mandate soll erklärt werden. Die politischen Konsequenzen der verschiedenen Wahlsysteme sind anhand der Kontroverse um Mehrheits- und Verhältniswahl herauszuarbeiten. Kap. II 5.	1
8. Das Wahlergebnis – Welche Folgen kann eine Bundestagswahl haben? – Wie kann man sonst noch auf die Politik einer Regierung einwirken? – Kann jeder diese anderen Mittel der Einflußnahme anwenden?	Die möglichen Konsequenzen einer Bundestagswahl sollen diskutiert werden in bezug auf den Wechsel von Regierungen und die Veränderung der Regierungspolitik. Abschließend soll der Bezug von Wahlen zu anderen Formen der politischen Einflußnahme hergestellt werden. Kap. II 6.	2

Unterrichtsreihe (7 Stunden)

1. Wahlen und Demokratie	wie 2. (12-Std.-Planung)	2
2. Das aktive Wahlrecht	wie 4. (12-Std.-Planung), aber ohne historischen Vergleich Kap. II 1.1 und 1.2	1
3. Die Technik des Wählens und des Gewähltwerdens	wie 5. (12-Std.-Planung)	2
6. Das Wahlergebnis	verkürzte Zusammenfassung von 7. und 8. (12-Std.Planung) Kap. II 5.1 und 5.2 Kap. II 6.	2
		7

5. Literaturhinweise

Die im folgenden angegebene Literatur dient im Wesentlichen der Unterrichtsvorbereitung des Lehrers, da die Texte für den hier angesprochenen Schülerkreis weitgehend zu schwierig sein dürften.

Zum Thema Demokratietheorie

Scharpf, Fritz W.: Demokratietheorie zwischen Utopie und Anpassung, Konstanz 1970

Zum Thema Wahlvorgang und Wahlsysteme

Andersen, Uwe; Woyke, Wichard: Wahl '87, Opladen 1986
Gensior, Walter; Krieg, Volker: Kleine Wahlrechtsfibel, 3. Aufl., Opladen 1980

Nohlen, Dieter: Wahlsysteme der Welt, München 1978
Ders.: Wahlrecht und Parteiensystem, Leverkusen 1986
Woyke, Wichard; Steffens, Udo: Stichwort Wahlen, Leverkusen 1980

Zum Thema Wahlrechtsentwicklung

Meyer, Hans: Wahlsystem und Verfassungsordnung, Frankfurt 1973
Sternberger, Dolf; Vogel, Bernhard (Hrsg.): Die Wahl der Parlamente und anderer Staatsorgane, Bd. I, Europa, 1. Halbband, Berlin 1969

Zum Thema Wahlergebnis (Do parties matter?)

Schmidt, Manfred G.: Allerweltsparteien in Westeuropa?, in: Leviathan, Jg. 13 (1985), H. 3., S. 376–397

ISBN 3-12-053331-9

1. Auflage   1 3 2 1 | 1989 88 87
Die letzte Zahl bezeichnet das Jahr dieses Druckes.
© Ernst Klett Verlage GmbH u. Co. KG, Stuttgart 1987
Alle Rechte vorbehalten.

Inhalt

Einleitung 3

I Idee der Demokratie und Technik der Wahl 4

1. Die Vorstellung von Demokratie 4

2. Was man unter Wahlen versteht 5
2.1 Auswahl 5
2.2 Bestelltechnik 6

3. Wahlen in der Demokratie – zum Beispiel in der Schule 7
3.1 Die Schulkonferenz: Eltern, Lehrer, Schüler 8
3.2 Mitwirken, Übertragen, Kontrollieren 10

4. Wahlen in Bund und Ländern 10
4.1 Worüber Bund und Länder entscheiden können 10
4.2 Bürgerbeteiligung über Wahlen 11

5. Direkte oder indirekte Volksbeteiligung – 11
was ist demokratischer?
5.1 Repräsentative contra plebiszitäre Demokratie 12
5.2 Entscheidung für die repräsentative Demokratie 14
5.3 Mehr Demokratie durch Volksentscheid? 15

II Die Wahlen zum Deutschen Bundestag 19

1. Wer kann wählen? 19
1.1 Der Grundsatz der „Allgemeinheit" 19
1.2 Das aktive Wahlrecht 20
1.3 Aktives Wahlrecht gestern und heute 21

2. Die Praxis: aktiv wählen 29
2.1 Der Grundsatz der „geheimen" und „freien" Wahl 30
2.2 Wählerverzeichnis und Wahlschein 30
2.3 Die Stimmabgabe 31

3. Wer kann gewählt werden? 32
3.1 Der Grundsatz der „Unmittelbarkeit" 33
3.2 Das passive Wahlrecht 34
3.3 Kandidatur im Wahlkreis 34
3.4 Kandidatur über die Landesliste 39

4. Die Praxis: Wie wird man Kandidat/in einer Partei? 40
4.1 Die Nominierung 41
4.2 Der erfolgreiche Kandidat 42
4.3 Die erfolgreiche Kandidatin? 43

5. Wie aus Stimmen Mandate werden 45
5.1 Der Grundsatz der „Gleichheit" 45
5.2 Die personalisierte Verhältniswahl 46
5.3 Relative Mehrheitswahl und reine Verhältniswahl – 49
pro und contra

6. Das Wahlergebnis 54
6.1 Wahl und Regierungswechsel 55
6.2 Wahl der Regierungspolitik 58
6.3 Der ständige Blick zum Wähler 61

Einleitung

Ein Leseheft für Schüler über Wahlen? Die erste Bundestags-, Landtags- oder Kommunalwahl, an der man selbst teilnehmen wird, ist noch weit entfernt, warum sollte man sich jetzt schon mit Wahlen befassen?
Nun: „Alle Schüler werden Wähler", haben einige von ihnen bei einer Demonstration auf ihr Transparent geschrieben, um ihrer Forderung an die Adresse der Politiker, ihr altes Schulgebäude nicht abzureißen, schon heute Nachdruck zu verleihen.
Aber mehr noch: Alle Schüler sind bereits Wähler – zumindest diejenigen, an die sich dieses Leseheft richtet. Sie wählen ihre Klassen- oder Jahrgangssprecher, vielleicht aber auch den Vorstand in einem Club oder Verein, dem sie angehören.
So soll dieses Leseheft denjenigen, die bereits jetzt an Wahlen teilnehmen, deutlich machen, welche Möglichkeiten der Mitbestimmung und Kontrolle sie über Wahlen haben. Im weiteren aber sollen die Vorgänge bei einer politischen Wahl, insbesondere bei einer Bundestagswahl, durchschaubar gemacht werden. Denn die Zeit bis zur ersten Bundestagswahl, an der man selbst teilnimmt, ist möglicherweise kürzer, als es im Moment den Anschein hat.

© Tine Stein

I Idee der Demokratie und Technik der Wahl

Immer wieder finden irgendwo Wahlen zu irgendwelchen Gremien statt:
- in der Schule werden Klassen- und Jahrgangssprecher gewählt,
- in den Betrieben der Betriebsrat, in Verwaltungen der Personalrat,
- in den Gemeinden der Gemeinderat, in den Ländern die Abgeordneten für den Landtag, im gesamten Bundesgebiet die Abgeordneten für den Bundestag.

Alle diese unterschiedlichen Wahlen haben eines gemeinsam – die Idee der Demokratie. Menschen sollen an Entscheidungen beteiligt werden, wenn ihr Lebensbereich von diesen Entscheidungen betroffen wird.

1. Die Vorstellung von Demokratie

Ursprünglich war die Vorstellung von Demokratie auf einen engeren politischen Bereich beschränkt. Man fragte danach, wie eine politische Ordnung aussehen sollte. „Demokratie" nannte man im antiken Griechenland die Ordnung derjenigen griechischen Stadtstaaten, in denen sich alle freien Bürger – nicht aber die Frauen und die Sklaven – auf dem Marktplatz versammelten und gemeinsam über ihre öffentlichen Angelegenheiten berieten und entschieden.

© Historia-Photo, Hamburg

Der Marktplatz von Athen – hier in einer Nachbildung – war nicht nur der Mittelpunkt des Handelns, sondern zugleich auch der attischen Demokratie, an der sich jeder freie Bürger beteiligen konnte.

Demokrat'ie [griech. demos ›Volk‹, kratein ›herrschen‹], Volksherrschaft, eine Lebens- und Staatsform, die von der Gleichheit und Freiheit aller Bürger ausgeht und daraus die Forderung ableitet, daß nach dem Willen des Volkes regiert werde. demokratisch, freiheitlich im Sinne der D.

(dtv-Lexikon, Bd. 3, München 1966, S. 265)

Heute hat die Idee der Demokratie auf weitere Lebensbereiche übergegriffen, u. a. auch auf die Schule und den Arbeitsplatz. Inwiefern aber hängen Wahlen und Demokratie zusammen? Daß sie etwas miteinander zu tun haben, scheint auf der Hand zu liegen, denn alle Staaten, die sich heute „demokratisch" nennen, führen auch Wahlen durch. Doch werden die Wahlen auch in einer Diktatur veranstaltet, wo seit Jahren ein und derselbe Mann mit Unterstützung des Militärs regiert und das Ergebnis der Wahl bereits vorher feststeht. Wir wären trotz Wahl weit davon entfernt, diese Regierung als demokratisch zu bezeichnen. Andererseits arbeitete die griechische Stadtdemokratie ohne Wahl von Abgeordneten. Die Bürger regierten sich selbst durch direkte Beteiligung aller an der Versammlung auf dem Marktplatz. Demokratie ist offensichtlich auch ohne Wahlen möglich.

Was also haben Wahlen und Demokratie heute und bei uns miteinander zu tun? Das soll zunächst einmal geklärt werden.

2. Was man unter Wahlen versteht

2.1 Auswahl

Jeder kann sich einmal überlegen, in welchen Situationen er eine Wahl trifft. Schnell kommt man zu dem Ergebnis, daß dies tagtäglich in unterschiedlichen Situationen der Fall ist. Jede Entscheidung, ein bestimmtes Produkt zu kaufen, ein anderes nicht, ist eine Wahl. Schon ein Kind muß wählen, wenn es sich mit seinem Taschengeld für den Kauf von Gummibärchen oder Lakritz entscheidet.

„Wahl" hat also zunächst einmal gar nichts mit Politik zu tun, sondern zeigt eine ganz bestimmte Situation an, in der eine Entscheidung getroffen werden muß:
– eine Situation, in der es für eine Handlung verschiedene Möglichkeiten gibt und
– in der man sich für eine dieser Möglichkeiten entscheiden muß und somit eine „Auswahl" trifft.

Übrigens, damit an dieser Stelle kein Mißverständnis entsteht, auch die „Nicht-Wahl" ist eine Wahl. Weil sich das Kind am Kiosk nicht entscheiden kann, behält es sein Taschengeld und entscheidet sich damit, wenn auch sicherlich unbewußt, für das Sparen.

2.2 Bestelltechnik

Nun wurde in den ersten Beispielen sofort von der Wahl des Klassensprechers, der Wahl des Betriebsrates und der des Parlaments gesprochen. Ist jede Wahl stets eine „Auswahl"? Und was ist, wenn es gar keine Auswahl gibt, weil sich kein Gegenkandidat zur bisherigen Klassensprecherin findet? Können wir dann noch von einer „Wahl" sprechen?
Beantworten wir die Frage schrittweise. Schauen wir auch hier einmal genauer hin, was bei einer solchen Klassensprecherwahl eigentlich passiert.

Das Amt
Zunächst existiert bereits vor der Klassensprecherwahl das „Amt" des Klassensprechers. Es ist im Schulmitwirkungsgesetz festgeschrieben und mit ganz bestimmten Aufgaben versehen.
Zum Beispiel im Schulmitwirkungsgesetz von Nordrhein-Westfalen:

> § 12 Schülervertretung
> (1) Inhalt und Umfang der Mitwirkung der Schülervertretung ergeben sich aus dem Auftrag der Schule. Die Schülervertretung hat im Rahmen des Auftrags der Schule insbesondere folgende Aufgaben:
> 1. Vertretung der Interessen der Schüler bei der Gestaltung der Bildungs- und Erziehungsarbeit;
> 2. Förderung der fachlichen, kulturellen, sportlichen, politischen und sozialen Interessen der Schüler.
>
> (2) Schülervertreter und Schülervertretungen können im Rahmen des Auftrags der Schule schulpolitische Belange wahrnehmen.
> (3) Die Schüler einer Schule werden durch den Schülerrat vertreten. Mitglieder des Schülerrats sind die Sprecher der Klassen und Jahrgangsstufen und die weiteren Vertreter der Jahrgangsstufen gemäß Absatz 5. Der Vorsitzende (Schülersprecher) und die Stellvertreter werden vom Schülerrat aus seiner Mitte für die Dauer eines Schuljahres gewählt. Auf Antrag von zwanzig vom Hundert der Gesamtzahl der Schüler wählen die Schüler von der fünften Klasse an den Vorsitzenden des Schülerrates und die Stellvertreter. Der Schülerrat wählt die Vertreter der Schüler und die Stellvertreter für die Fachkonferenzen und die Teilkonferenzen ...
>
> (5) Von der fünften Klasse oder Jahrgangsstufe an wählen die Schüler jeder Klasse oder Jahrgangsstufe mit Beginn des Schuljahres für dessen Dauer den Klassen- oder Jahrgangsstufensprecher und den Stellvertreter. Hat eine Jahrgangsstufe mehr als

> zwanzig Schüler, wählt die Jahrgangsstufe für die diese Zahl übersteigende Schülerzahl je zwanzig Schüler einen weiteren Schülervertreter sowie den Stellvertreter; dazu können die Fachkurse Vorschläge machen. Der Sprecher und die weiteren Schülervertreter vertreten die Interessen ihrer Klasse oder Jahrgangsstufe.
>
> (Zit. nach: Bernd Petermann, Schulmitwirkungsgesetz, Kommentar, Essen 1984, S. 120)

Das Amt des Klassensprechers muß jedes Jahr neu besetzt werden, kein Klassenlehrer und kein Schuldirektor kann von sich aus bestimmen, daß Klassensprecher eigentlich überflüssig seien und man daher auf ihre Wahl verzichten könne. Sie würden damit gegen das Schulmitwirkungsgesetz verstoßen, das nur vom „Gesetzgeber", in diesem Fall der nordrheinwestfälische Landtag, geändert werden kann.

Die Besetzung des Amtes
Mit der Wahl in der Klasse wird nun das Amt des Klassensprechers besetzt. Die Wahl ist hier eine „Technik", um eine konkrete Person in das Amt des Klassensprechers zu „bestellen". Man könnte sich auch andere „Bestelltechniken" denken: Der Klassenlehrer könnte den fleißigsten Schüler ernennen, der älteste Schüler könnte automatisch auch der Klassensprecher sein oder einfach derjenige, der sich zuerst bewirbt.
Dennoch hat man sich für den Weg der „Wahl" entschieden, weil sie eben mehr ist als nur eine Technik. Der Klassensprecher soll nämlich ein Glied in einer demokratischen Schulordnung sein. Über ihn soll es allen Schülern möglich sein, an ganz bestimmten, sie betreffenden Entscheidungen in der Schule mitzuwirken.

3. Wahlen in der Demokratie – zum Beispiel in der Schule

So stellt sich als nächstes die Frage, inwiefern denn mit einer Klassensprecherwahl die Demokratie in die Schule einzieht.
Gehen wir noch einmal zum Ausgangspunkt der Überlegungen zurück. Die grundlegende Forderung an eine demokratische Ordnung heißt: Die Betroffenen müssen an wichtigen Entscheidungen beteiligt werden. Solche Entscheidungen fallen auch in der Schule. Die Betroffenen sind Schüler, Eltern und Lehrer. Wie aber kann man sie alle an Entscheidungen beteiligen? Eine Vollversammlung in der

Turnhalle, mehrere hundert Schüler mit ihren Eltern und Lehrern, die Probleme diskutieren, Lösungsvorschläge ausarbeiten, Konflikte austragen und Kompromisse suchen – das wäre eine Möglichkeit. Doch jeder kann sich ausmalen, welche Probleme es gibt, in solch einer großen Versammlung zu diskutieren und Lösungen zu erarbeiten.

3.1 Die Schulkonferenz: Eltern, Lehrer, Schüler

Die Abgeordneten im Landtag haben mit dem Schulmitwirkungsgesetz eine andere Lösung beschlossen. Entscheiden soll ein kleineres Gremium, die Schulkonferenz: Lehrer, Eltern und Schüler treten auch hier zusammen, jedoch nicht alle höchst persönlich, sondern über die von ihnen gewählten Vertreter.

Mitwirkungsorgane nach dem SchMG

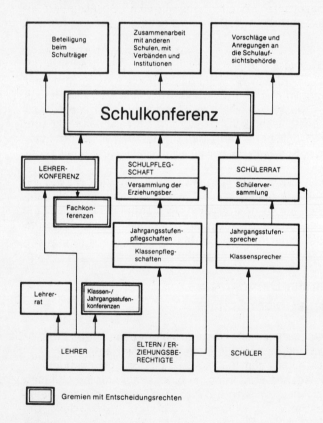

(Ausschnitt aus einer Grafik in: Harald Gampe, Rudolf Knapp, Gerald Rieger: Schülermitwirkung in Nordrhein-Westfalen, Neuwied u. Darmstadt 1981, S. 50)

Die Gruppe der Schüler, die Gruppe der Lehrer und die Gruppe der Eltern wählen jeweils ihre eigenen Vertreter. Und mit dieser Wahl übertragen sie ihren Vertretern zugleich das Recht, in ihrem Namen zu sprechen und mitzuentscheiden. Am Beispiel der Schüler kann man verfolgen, daß dieses Wahlverfahren über zwei Stufen geht. Sie wählen zunächst in ihrer Klasse oder Jahrgangsstufe ihren Klassen- oder Jahrgangssprecher, alle diese Sprecher bilden zusammen den Schülerrat, der Schülerrat wiederum wählt seine Vertreter in die Schulkonferenz.

© Ralf Wasselowski, JdR-Prod.

Auch wenn jetzt nicht alle Schüler, Eltern und Lehrer persönlich an der Schulkonferenz und ihren Entscheidungen mitwirken, gilt diese Schulordnung doch als demokratisch. An der Gruppe der Schüler läßt sich dies begründen:
– Alle Schüler sind an der Wahl in ihrer Klassen- oder Jahrgangsstufe beteiligt. Ausgenommen sind nur die jüngeren Schüler, von denen man annimmt, daß sie noch nicht alt genug sind, den Vorgang der Wahl zu verstehen.
– Die Vertreter der Schüler im Schülerrat und die dort gewählten Vertreter für die Schulkonferenz können ihr Recht, im Namen ihrer Mitschüler zu sprechen, letztendlich nur auf diese (Ur-)Wahl, an der alle Schüler beteiligt waren, zurückführen.
– Die Mitschüler können ihre Vertreter durch die Wahl nicht nur mit einem Amt beauftragen, sondern auch ihre Arbeit in dem zurückliegenden Jahr kontrollieren: Ein Klassensprecher, der sich nicht

bewährt hat, kann bei der nächsten Wahl durch einen neuen abgelöst werden.
An dieser Stelle können wir jetzt die Frage beantworten, ob eine Klassensprecherwahl ohne Gegenkandidat eine demokratische Wahl ist. Von der Sache her spricht ja nichts dagegen, eine bewährte Klassensprecherin in ihrem Amt zu lassen. Entscheidend aber ist, daß jederzeit die Möglichkeit besteht, bei der nächsten Wahl einen Gegenkandidaten aufzustellen. Nur so ist eine Kontrolle der gewählten Vertreterin gewährleistet.

3.2 Mitwirken, Übertragen, Kontrollieren

Über die Schulordnung haben wir somit drei Merkmale kennengelernt, die die Bedeutung der Wahlen in demokratischen Ordnungen ausmachen. Diese drei Merkmale gelten für alle demokratischen Wahlen, ob sie nun in der Schule, im Betrieb, in der Gemeinde, in einem Bundesland oder in der gesamten Bundesrepublik stattfinden. Diese drei Merkmale sind

- das Recht einer Person auf *Mitwirkung* bei wichtigen, sie betreffenden Entscheidungen,
- die *Übertragung (Delegation)* dieses Mitwirkungsrechtes an einen auf Zeit gewählten Vertreter und
- die *Kontrolle* dieses Vertreters durch regelmäßig stattfindende Neuwahlen.

Das Mitwirkungsrecht wird erst über die Wahl wirksam, und zwar in der Übertragung dieses Rechtes auf einen Vertreter und dessen Kontrolle.

4. Wahlen in Bund und Ländern

Die Schulkonferenz trifft in eigener Verantwortung Entscheidungen in den Bereichen, die das Schulmitwirkungsgesetz ihr zugewiesen hat. An diese Entscheidungen sind alle Lehrer, Schüler und Eltern gebunden. Wer aber entscheidet über das Schulmitwirkungsgesetz?

4.1 Worüber Bund und Länder entscheiden können

Alle Entscheidungen von grundlegender politischer Bedeutung werden als Gesetze in den Parlamenten beschlossen, so auch das Schulmitwirkungsgesetz. Parlamente finden wir in den einzelnen Bundesländern und beim Bund. Welche Entscheidungen nun von den Länderparlamenten und welche vom Bundesparlament zu treffen sind, das legt das Grundgesetz fest (in Artikel 70–75).
So haben beispielsweise die Länder die „Kulturhoheit", das heißt, sie alleine haben das Recht, Gesetze zur Kulturpolitik zu beschließen. Zur Kulturpolitik gehört die Schulpolitik, also auch die Regelung

der Schulmitwirkung. Aus diesem Grund gibt es kein einheitliches Schulmitwirkungsgesetz für alle Schulen in der Bundesrepublik, sondern in jedem Bundesland ein eigenes.
In anderen Bereichen ist alleine der Bund zuständig, z. B. in der Außenpolitik, in der Verteidigungspolitik, der Währungs-, Zoll- und Handelspolitik.

4.2 Bürgerbeteiligung über Wahlen
Gesetze eines Landes gelten für die Einwohner dieses Bundeslandes, Gesetze des Bundes für alle Bürger der Bundesrepublik. Auch hier sind die betroffenen Bürger wieder durch Wahlen indirekt beteiligt:
– Die Bürger wählen die Abgeordneten für 4 Jahre (in einigen Bundesländern für 5 Jahre) in die Parlamente.
– Die Abgeordneten wählen die Regierung bzw. den Regierungschef.
– Gesetzesvorschläge können von Regierung und Parlament gemacht werden, endgültig beschließen kann aber nur das Parlament.
Bevor ein Gesetz also wirksam wird, muß ihm die Mehrheit der Abgeordneten zugestimmt haben. Über die Abgeordneten jedoch sind wiederum die Bürger an der Entscheidung beteiligt, denn sie haben die Abgeordneten gewählt und damit beauftragt, in ihrem Namen zu handeln.

5. Direkte oder indirekte Volksbeteiligung – was ist demokratischer?

Zwischen den Wahlen werden Probleme im Parlament verhandelt, ohne daß das Volk noch einmal direkt eingeschaltet wird. Die einzelnen Entscheidungen werden von den Volksvertretern, den „Repräsentanten", getroffen. Deshalb bezeichnet man diese Form der Demokratie auch als „repräsentative Demokratie".
Ihr gegenüber steht das Ideal der „plebiszitären Demokratie", in der das Volk selbst über alle grundlegenden politischen Fragen entscheidet (lateinisch ‚plebis scitum' = Volksbeschluß). Vorbild ist hier die Versammlungsdemokratie des griechischen Stadtstaates (polis). In unserem Schulbeispiel würden Entscheidungen nach dem plebiszitären Modell nicht von der Schulkonferenz, sondern tatsächlich von der Vollversammlung der Lehrer, Eltern und Schüler in der Turnhalle getroffen.

5.1 Repräsentative contra plebiszitäre Demokratie

Das Ideal der griechischen Polis im Hinterkopf, kritisierte 1752 der französische Philosoph Jean Jaques Rousseau das englische Parlament:

Jean-Jacques Rousseau (1712—1778)
© Historia-Photo, Hamburg

Das englische Volk glaubt frei zu sein, aber es irrt sich. Es ist nur zur Zeit der Wahlen der Parlamentsmitglieder frei. Sind diese gewählt, ist
5 es Sklave, ist es nichts. Der Gebrauch, den es in den kurzen Augenblicken von seiner Freiheit macht, verdient nichts besseres, als sie wieder zu verlieren.

(Jean Jaques Rousseau: Der Gesellschaftsvertrag, München 1948, S. 161)

Und 250 Jahre später formulierte der russische Sozialist Wladimir Iljitsch Lenin seine Grundsatzkritik am demokratischen Parlamentarismus.

10 Einmal in mehreren Jahren zu entscheiden, welches Mitglied der herrschenden Klasse das Volk im Parlament niederhalten und zertreten soll – das ist das wirkliche Wesen des bürgerlichen Parlamentarismus, nicht nur in den parlamentarisch-konstitutionellen Monarchien, sondern auch in den allerdemokratischsten Republiken.

(W. I. Lenin: Ausgewählte Werke Bd. II, Berlin [Ost] 1970, S. 355)

Noch älter aber ist die Kriktik an der plebiszitären Demokratie. Schon zu Zeiten der griechischen Polis äußerte der Philosoph Aristoteles schwere Bedenken gegen eine reine Volksherrschaft: Wenn das Volk tatsächlich über alle Fragen abstimmen kann, keine über ihm stehenden Gesetze oder Werte mehr beachten muß, dann besteht die Gefahr, daß es einem „Volksführer", mehr noch einem Volks-„Verführer" anheimfällt.

15 Wo aber die Gesetze nicht entscheiden, da gibt es die Volksführer. Denn da ist das Volk Alleinherrscher, wenn auch ein aus vielen Einzelnen zusammengesetzter. Die Menge ist ja Herr, nicht als jeder Einzelne, sondern als Gesamtheit (...). Ein solches alleinherrschendes Volk sucht zu herrschen, weil es nicht von den Gesetzen beherrscht wird, und wird

despotisch, wo denn die Schmeichler in Ehren stehen, und so entspricht 20
denn diese Demokratie unter den Alleinherrschaften der Tyrannis. Der
Charakter ist auch derselbe, beide herrschen despotisch über die Besseren; die Volksbeschlüsse wirken hier, wie dort die Befehle, und der Volksführer und der Schmeichler entsprechen einander genau. Und diese beiden haben je die größte Macht, die Schmeichler bei den Tyrannen und 25 die Volksführer bei einem solchen Volke.

(Aristoteles: Politik, München 1976, S. 144)

Bei Aristoteles ist es die Angst, daß die Demokratie zur Tyrannis, zur willkürlichen Herrschaft eines Volksführers werden kann. Bei James Madison (1751–1836), einem der Autoren der Verfassung der Vereinigten Staaten von Amerika und von 1809–1817 Präsident, wird in einer Schrift von 1787 noch eine weitere Angst sehr deutlich. Es ist die Angst vor der Unterdrückung der Minderheit durch eine selbstsüchtige Mehrheit:

... in einer reinen Demokratie, womit ich eine zahlenmäßig kleine Gemeinschaft meine, deren Mitglieder sich versammeln und selbst die Regierung ausüben, (kann) kein Heilmittel für das Übel der selbstsüchtigen Interessengruppen gefunden werden ... In fast allen Fällen wird die 30 Mehrheit eine gemeinsame Leidenschaft oder ein gemeinsames Interesse haben. Der Zusammenschluß und die Möglichkeit, das Einverständnis zu pflegen, folgt aus der Regierungsform von selbst, und es gibt nichts, was den Trieb, die schwächere Partei oder eine mißliebige Person den eigenen Interessen aufzuopfern, einschränken könnte. 35

(Alexander Hamilton, James Madison, John Jay: Der Föderalist, Wien 1958, S. 76)

Die Diskussion dauert bis heute an, und die Argumente pro und contra bleiben über Jahrhunderte die gleichen:

Contra repräsentative Demokratie
Die Befürworter der direkten, plebiszitären Demokratie kritisieren an der repräsentativen Demokratie, daß
- das Volk von den entscheidenden Fragen der Politik ausgeschlossen bleibt,

- die gewählten Politiker zwischen den Wahlen auf die Meinung des Volkes nicht zu hören brauchen,
- stattdessen die Mächtigen im Lande die Politik zwischen den Wahlen bestimmen. Die Mächtigen, das sind z. B. bei Lenin die Grundeigentümer und Kapitalisten.

Contra plebiszitäre Demokratie
Die Befürworter der repräsentativen Demokratie halten dem die Mängel der plebiszitären Demokratie entgegen.
- Das Volk sei von geschickten Rednern verführbar, und so lauere ständig die Gefahr einer Diktatur.
- Das Volk besitze ungenügende Kenntnisse und Informationen, um sich ein Urteil über die zu entscheidenden politischen Probleme zu bilden.
- Die Mehrheit könne eine Minderheit ständig unterdrücken. Doch könnte es gerade die Minderheit sein, die die bessere Lösung für ein politisches Problem weiß.
- Eine direkte Demokratie sei in einem großen Flächenstaat nicht zu organisieren.

5.2 Entscheidung für die repräsentative Demokratie
Die heutigen westlichen Demokratien haben sich alle für die Form der repräsentativen Demokratie entschieden. Auf diese Weise soll zweierlei verwirklicht werden:
- Einerseits der demokratische Anspruch, dem gemäß das Volk sich selbst regieren soll,
- andererseits sollen die Probleme und Gefahren der plebiszitären Demokratie vermieden werden.

Auch Madison (vgl. S. 13) sah in der repräsentativen Demokratie einen Weg, die Nachteile der plebiszitären Demokratie zu umgehen, ohne den demokratischen Grundsatz der Volksherrschaft aufzugeben. Er bezeichnete sie dabei noch als „Republik", wie es bis ins 19. Jahrhundert üblich war, um sie von der plebiszitären Form, der die Bezeichnung „Demokratie" vorbehalten blieb, deutlich zu unterscheiden:

Die beiden großen Unterschiede zwischen einer Demokratie und einer Republik sind folgende: Erstens ist in der Republik die Regierung einer kleinen Zahl von Bürgern anvertraut, die von den übrigen Bürgern gewählt werden. Zweitens kann die Staatsform der Republik auf eine größere Anzahl von Bürgern und auf ein größeres Territorium ausgedehnt werden.

Die Auswirkung des ersten Unterschiedes besteht einerseits darin, daß die öffentliche Meinung geläutert und erweitert wird, indem sie den Filter einer ausgewählten Gruppe von Staatsbürgern passiert, deren Einsicht die Gewähr bietet, daß sie die wahren Interessen ihres Landes erkennen, und deren Patriotismus und Gerechtigkeitsliebe die Annahme zuläßt, daß sie diese wahren Interessen nicht augenblicklichen Vorteilen und parteilichen Erwägungen opfern werden. Auf diese Art kann es geschehen, daß die Stimme des Volkes dort, wo sie aus dem Munde der Volksvertreter spricht, eher dem Wohl der Allgemeinheit dient als dort, wo das Volk selbst zusammentritt, um seinen Willen kundzutun.

(Alexander Hamilton, James Madison, John Jay: Der Föderalist, Wien 1958, S. 76)

5.3 Mehr Demokratie durch Volksentscheid?
Die grundlegende Entscheidung für die repräsentative Demokratie wird jedoch in den Verfassungen vieler Staaten durch die Möglichkeiten einer direkten Beteiligung des Volkes ergänzt. Eine solche Möglichkeit stellen „Volksbegehren" und "Volksentscheid" dar. Mit dem „Volksbegehren" kann eine bestimmte Anzahl von Wählern beantragen, daß ein Gesetz dem Volk zur endgültigen Abstimmung vorgelegt wird. Im anschließenden „Volksentscheid" stimmt die wahlberechtigte Bevölkerung ab, ob das Gesetz tatsächlich in Kraft treten soll oder nicht.
Volksbegehren und Volksentscheid sind in den Verfassungen einiger Bundesländer (Bayern, Bremen, Hessen, Baden-Württemberg, Rheinland-Pfalz, Saarland) verankert. Sie waren ebenso verankert in der Verfassung der Weimarer Republik.

Im Gegensatz zum Grundgesetz enthielt die Weimarer Verfassung ein stärkeres plebiszitäres Element, so z. B. den Volksentscheid. Zunächst mußte ein Volksbegehren in Gang gebracht werden, für dessen Erfolg die Unterschrift von wenigstens $1/_{10}$ der Stimmberechtigten notwendig war. Sofern dies erreicht wurde, kam es zu einem Volksentscheid. Mindestens die Hälfte aller Wahlberechtigten mußte die vorgelegte Frage bejahen, damit er Erfolg hatte. In den 15 Jahren der Weimarer Republik wurden nur zwei Volksentscheide durchgeführt, nämlich 1926 zur Frage der Fürstenabfindung und 1929 zur Ablehnung des Youngplans. In beiden Fällen wurde die erforderliche Mehrheit nicht erreicht.

(Information zur politischen Bildung, Folge 134, Mai/Juni 1969, S. 13)

Die „Väter" und „Mütter" des Grundgesetzes haben jedoch ausdrücklich darauf verzichtet, diese Möglichkeit einer direkten Volksbeteiligung aus der Weimarer Verfassung in das Grundgesetz zu übernehmen. In der verfassunggebenden Versammlung, dem Parlamentarischen Rat (1948/49) begründete der Abgeordnete Süsterhenn diese Ablehnung mit der Angst vor undemokratischen und irrationalen Volksbewegungen, eine Angst, die wir schon von Aristoteles

© Archiv Gerstenberg

kennen und die mit der Erfahrung des Untergangs der Weimarer Republik durch den Nationalsozialismus neue Nahrung bekommen hat:

Es ist ... zweckmäßig, wenn neu aufkommende politische Bewegungen oder Strömungen sich zuerst in den normalen legislativen Organen Spielraum verschaffen. Solche Bewegungen können mitunter sehr unerwünscht sein. Ich erinnere an die Gefahr des wiedererwachenden Nationalismus dank der ungeschickten, undemokratischen Politik der Alliierten. Geben wir nun die Möglichkeit, diese Bewegungen durch eine Volksabstimmung direkt ins Leben zu rufen, so setzen wir uns der Gefahr unabsehbarer Erschütterungen aus. Ein agitatorisch geschickt ausgenützter Volksentscheid, daß das verfassungsmäßig gesicherte Berufsbeamtentum abgeschafft werden soll, hätte bei der weit verbreiteten Wut gegen die Bürokratie und das Beamtentum im jetzigen Zeitpunkt durchaus die Chance durchzukommen. Hingegen müßte sich die Legislative bei vernünftiger Überlegung sagen, daß ohne ein gesundes Berufsbeamtentum der Staat nicht existieren und das politische Leben nicht gestaltet werden kann. Ich bin der Meinung, daß man es unter Würdigung der vorgetragenen Gesichtspunkte bei der jetzigen Formulierung belassen muß.

(Zit. nach: Peter Buchner [Bearbeiter]: Der Parlamentarische Rat 1948—1949, Akten und Protokolle, Bd. 2, Boppard am Rhein 1981, S. 448)

1976 beriet nochmals eine Kommission von Sachverständigen (Enquete-Kommission) die Frage, ob Volksbegehren und Volksentscheid geeignet seien zur „Stärkung der politischen Mitwirkungsrechte der Bürger". Auch hier wurden die Gefahren wieder höher eingeschätzt als der Nutzen:

Probleme der Aufnahme plebiszitärer Elemente in das Grundgesetz
Im Ergebnis vermochte sich die Kommission nicht davon zu überzeugen, daß die mit der Einführung plebiszitärer Elemente verbundenen Gefahren von der Chance aufgewogen würden, auf diese Weise die Integrationsfähigkeit des demokratischen Staates wirksam zu erhöhen.

Negative Auswirkungen der direkten Demokratie
In der Diskussion überwog die Auffassung, die plebiszitären Elemente könnten zu Instrumenten der Desintegration (Spaltung der Gesellschaft in Gruppen mit gegensätzlichen politischen Zielen) werden, weil sie die Integrationskraft der großen demokratischen politischen Parteien schwächen. Plebiszitäre Komponenten (Bestandteile) der Demokratie bieten, außerhalb noch überschaubarer Verhältnisse und ohne die tragende Kraft einer entsprechenden politischen Tradition praktiziert, nach aller Erfahrung Demagogen einen weiten Aktionsspielraum. Sie sind geeignet, die Entscheidung politischer Fragen zu entrationalisieren – eine Erfahrung, die in jüngster Zeit sogar die Schweiz, in der das Referendum (Volksabstimmung) eine althergebrachte Einrichtung ist, hat machen müssen – und die Konfrontation politischer und gesellschaftlicher Kräfte zu verschärfen. Gerade dadurch können sie zu einer Verstärkung der Entfremdungserscheinungen zwischen Staat, Parlament und Volk beitragen, die mit ihrer Hilfe eben überwunden werden sollen. Auch die gegenwärtige politische Stabilität der Bundesrepublik Deutschland bietet keine Gewähr, daß die unguten Erfahrungen, die während der Weimarer Republik mit Volksentscheid und Volksbegehren gesammelt wurden, sich nicht in der Zukunft so oder ähnlich wiederholen können. Nach alledem erschien die Möglichkeit, daß das repräsentativ–parlamentarische System durch die Einführung plebiszitärer Elemente Schaden nehmen würde, größer als der potentielle (mögliche) Nutzen einer dahin gehenden Verfassungsänderung.

(Schlußbericht der Enquete-Kommission Verfassungsreform, Bundestagsdrucksache 7/5924 Bonn v. 9. 12. 76, S. 13)

Doch die Diskussion geht weiter. Im Mai 1986 bildeten sich nach der Katastrophe im sowjetischen Kernkraftwerk Tschernobyl verschiedene Initiativen mit dem Ziel, den Volksentscheid auf Bundesebene einzuführen. Die Bevölkerung soll dadurch in die Lage versetzt werden, selbst über die Weiterführung oder das Ende der Nutzung von Atomenergie zu entscheiden.

―ANZEIGE―

VOLKSBEGEHREN Nach Tschernobyl: Schluß mit der Atomwirtschaft? **VOLKSBEGEHREN**

Jetzt muß das Volk entscheiden können

Ein Aufruf an die Bevölkerung und eine Aufforderung an den Deutschen Bundestag

I. Die Bedrohung erkennen

Die Atomkatastrophe von Tschernobyl ist das Ergebnis politischer Entscheidungen, die seit Jahrzehnten gegen die Lebensinteressen der Menschen von den Mächtigen in Ost und West durchgesetzt werden.

Hier wie dort wurden die warnenden Stimmen verächtlich gemacht und in den Wind geschlagen. Mit allen Mitteln – in den kommunistischen Staaten noch viel stärker als im Westen – hat man versucht zu verhindern, daß die *wissenschaftlich fundierte Kritik an der Atomtechnik* in der Bevölkerung hinreichend bekannt wurde.

Und so glaubten bisher allzu viele den die beschwichtigenden, die großen Gefahren der Kernspaltung herunterspielenden Reden der Regierenden und der Kraftwerksbetreiber, wenn diese unablässig verkündeten, Atomenergie sei "sauber", ein Unfall wie jetzt in der Ukraine sei ganz und gar "unwahrscheinlich".

Nun aber ist das angeblich Unwahrscheinliche passiert: Hunderte von Millionen Menschen sind betroffen und werden potentiell geschädigt durch den Ausstoß radioaktiver Substanzen aus dem durchgebrannten sowjetischen Reaktor. Für Tausende wird dies – mittel- und langfristig – zum Tode führen.

"Menschliches Versagen" sei der Grund der Katastrophe gewesen. Was auch immer: Weder der Mensch noch die von ihm geschaffene Technik sind perfekt, sind absolut sicher. Deswegen ist es schierer Zynismus, wenn hierzulande auch jetzt wieder behauptet wird, man brauche doch nur den "hohen Sicherheitsstandard" unserer Atommeiler zu übernehmen, dann werde es zu einem ähnlichen Unfall wie in Tschernobyl niemals kommen.

Doch das "Unwahrscheinliche" kann auch hier jederzeit eintreten – heute, morgen, übermorgen –, weil eben Mensch wie Technik versagen und damit auch alle Sicherheitsvorkehrungen *letztlich* keinen Schutz bieten können.

Das gilt übrigens für den Umgang mit der Kernkraft im militärischen wie im zivilen Bereich.

Muß uns dann Tschernobyl nicht wie eine letzte Mahnung erscheinen, den Irrweg des Atomzeitalters – großtechnisch wie militärisch – jetzt zu beenden?

II. Den Parteienstaat begrenzen

Die Politik, die uns in diese Sackgasse geführt hat, war *nicht demokratisch legitimiert*. Dies gilt nicht nur in der Sowjetunion, auch bei uns nicht. Denn die Wahl der Parteien haben die Bürger nie den konkreten, aus einem klaren Bewußtsein der gesamten Problematik erteilten Auftrag verbunden, Atomwaffen herzustellen, Atomwaffen zu lagern, Atomkraftwerke zu bauen und zu betreiben.

Das gilt für viele andere Parlaments- und Regierungsentscheidungen auch: Die Bürgerschaft wurde und wird immer wieder vor vollendete Tatsachen gestellt, und findet sich dann schließlich damit ab. Was sollte sie bisher anderes auch tun? Sie hatte ja nur – die *Wahl.* Und die Wahl erlaubt es eben nicht, *konkret* Stellung zu nehmen zu den *Sachfragen* der Politik.

Obwohl unsere Verfassung, das Grundgesetz, gerade nicht nur die "Wahlen", sondern auch *"Abstimmungen"* vorsieht, wodurch "das Volk die Staatsgewalt ausübt" – also die Richtung der Entwicklung des Gemeinwesens festlegt (GG Art. 20, 2).

Dieses *Abstimmungsrecht des Volkes* ist es, das die Demokratie doch überhaupt erst zur Demokratie macht, d.h. den Parteienstaat bändigt. Durch dieses demokratische Grundrecht, das der Art. 20 unseres Grundgesetzes als unantastbar garantiert, kann die Bürgerschaft im Einzelfall die allgemeine Bevollmächtigung, die sie mit dem Wahlakt dem Parlament und der Regierung erteilt, *konkretisieren*. Nur dadurch *bleibt* sie der Souverän – auch nach der Wahl – und greift (durch Volksbegehren zum Volksentscheid) ein, wenn es geboten erscheint.

Viele, Millionen in unserem Land, halten es – gerade angesichts der aktuellen Entwicklungen – in der Tat für geboten, einzugreifen.

Sie wollen ein *Volksbegehren* einleiten, um zu klären, ob die stimmberechtigten Bürgerinnen und Bürger der Bundesrepublik Deutschland jetzt den *Ausstieg aus der Atomwirtschaft* mehrheitlich wollen.

Dies ist – wir wiederholen es mit Nachdruck – nach dem Grundgesetz *ihr staatsbürgerliches Grundrecht*. Das sie aber bisher nicht ausüben konnten, weil zehn Bundestage es unterlassen und zuletzt – am 4. 10. 1984 – sogar erklärtermaßen verweigert haben, ihrer Pflicht nachzukommen und – analog dem Wahlgesetz als der Voraussetzung für die Ausübung des Wahlrechts – ein *Abstimmungsgesetz* zu beschließen, damit die Bevölkerung ihr *verfassungsmäßiges Abstimmungsrecht* auch wahrnehmen und ausüben kann.

III. Das Grundgesetz verwirklichen

Deshalb rufen wir jetzt alle Demokraten in unserem Land auf, mit ihrer Unterschrift unter diesen Appell die zuständigen Organe zu folgenden Maßnahmen zu verpflichten:

Damit auf der Grundlage des Grundgesetzes Art. 20 Abs. 2 z.B. über die Frage der Zukunft der Atomwirtschaft u.a. eine Volksabstimmung zum Volksentscheid eingeleitet werden können, fordern die Unterzeichner/innen den Bundestag und die Bundesregierung auf, unverzüglich die Vorbereitung dafür zu treffen, daß das längst überfällige

BUNDESABSTIMMUNGSGESETZ

parlamentarisch verabschiedet oder parallel zur Bundestagswahl am 27. Januar 1987 zur Volksabstimmung vorgelegt wird.

Für dieses Gesetz müssen folgende Kriterien als unabdingbar gelten:

1. Um Manipulation von staatlicher Seite zu verhindern, darf die Initiative zu einer Volksabstimmung nur von Seiten der Bürgerschaft – nicht von Parteien bzw. Parlamentsorganen – ausgehen (Volksbegehren).

2. Um Initiativen der Bürger zu ermutigen, muß die Hürde für den Erfolg eines Begehrens angemessen festgesetzt werden (1 Million Zustimm; ung).

3. Um der Bevölkerung eine objektive Urteilsbildung zu ermöglichen, muß das Gesetz die gleichberechtigte Behandlung des Für und Wider eines Abstimmungsanliegens in allen Massenmedien garantieren.

4. Ein Volksentscheid gilt als angenommen, wenn die Mehrheit der abgegebenen Stimmen für das Anliegen votiert.

Das Gesetz soll in Verständigung mit AKTION VOLKSENTSCHEID erarbeitet werden. Sollte eine Übereinstimmung zwischen Parlament, Regierung und der Bürgerinitiative nicht möglich sein, soll der Gesetzentwurf der AKTION VOLKSENTSCHEID alternativ zu einer etwaigen Parlamentsvorlage zur Volksabstimmung gelangen.

Die Unterschriften werden dem Bundestag vorgelegt. Je mehr Unterschriften zusammenkommen, desto größer ist die Chance, das Ziel zu erreichen. Darum: Sammeln Sie Unterschriften (Listen und anderes Informationsmaterial, z.B. einen Sonderdruck dieser Anzeige kann man bei uns anfordern). Und helfen Sie mit Ihrer Spende, daß wir die Aktion möglichst weit verbreiten und alle Bürgerinnen und Bürger damit erreichen können.

Raiffeisenbank Achberg (BLZ 60069828) Konto-Nr. 2197600, Postgiro München (BLZ 70010080) Konto-Nr. 86145-805
Verantwortlich: Günter Gehrmann, Brigitte Kremkers, Herbert Schäffka, Wilfried Heidt, Bertold Hasen-Müller, Uwe Schiller, Peter Schaus, Gerald Häfner

---

AKTION VOLKSENTSCHEID E.V. 8991 ACHBERG TEL. 08380-500

✂--✂

Zustimmungserklärung Z

Die unterzeichneten wahl- und stimmberechtigten Bürgerinnen und Bürger der BRD fordern hiermit den Deutschen Bundestag und die Bundesregierung auf, im Sinne des vorstehenden Appells tätig zu werden, um das das angemahnte **Bundesabstimmungsgesetz** insbes. das Volksbegehren zum Volksentscheid über den Ausstieg aus der Atomwirtschaft unverzüglich zu ermöglichen.

Name:	Adresse:	Unterschrift:	Anforderung von Unterschriftenlisten

Bitte einsenden an: AKTION VOLKSENTSCHEID, 8991 Achberg, Hohbuchweg 23

(Anzeige in „Die Zeit" Nr. 22 v. 23. Mai 1986, gleichlautend in der Frankfurter Rundschau Nr. 118 v. 24. Mai 1986)

II Die Wahlen zum Deutschen Bundestag

Im Kapitel I wurde dargestellt, was der Begriff der Wahl bedeutet und welchen grundlegenden Stellenwert Wahlen in einer repräsentativen Demokratie haben. In diesem II. Kapitel soll der Frage nachgegangen werden, wie der Deutsche Bundestag gewählt wird. Verfolgt man die einzelnen Etappen dieser Wahl Schritt für Schritt, lernt man die wichtigsten Bestimmungen und Verfahren kennen, die zusammen das bundesdeutsche „Wahlsystem" bilden.
Grundlegende Anforderungen an die Ausgestaltung dieses Wahlsystems stellt das Grundgesetz im Artikel 38:

Art. 38 (Wahl)
(1) Die Abgeordneten des Deutschen Bundestages werden in allgemeiner, unmittelbarer, freier, gleicher und geheimer Wahl gewählt. Sie sind Vertreter des ganzen Volkes, an Aufträge und Weisungen nicht gebunden und nur ihrem Gewissen unterworfen.
(2) Wahlberechtigt ist, wer das achtzehnte Lebensjahr vollendet hat; wählbar ist, wer das Alter erreicht hat, mit dem die Volljährigkeit eintritt.
(3) Das Nähere bestimmt ein Bundesgesetz.

Was diese Forderungen konkret bedeuten, welche Konsequenzen sie für das Wahlsystem haben, aber auch welche Spielräume sie offen lassen, das wollen wir im folgenden klären.

1. Wer kann wählen?

1.1 Der Grundsatz der „Allgemeinheit"
Das Wahlrecht soll laut Grundgesetz „allgemein" sein.

Dieser Wahlrechtsgrundsatz bedeutet, daß prinzipiell kein deutscher Staatsbürger von der Wahl ausgeschlossen werden darf. Ein Wahlrecht, durch das z. B. Frauen, Nicht-Christen, Farbigen, Leuten ohne eigenes Einkommen oder ohne Hauptschulabschluß die Teilnahme an der Wahl als Wähler und als Kandidaten untersagte, auch wenn sie im Besitz der deutschen Staatsangehörigkeit wären, würde gegen den Grundsatz der „Allgemeinheit" verstoßen und damit verfassungswidrig sein. Wahlrechtseinschränkungen dieser Art waren

allerdings bis zu Beginn dieses Jahrhunderts noch eher die Regel als die Ausnahme. Große Teile der Bevölkerung waren durch Gesetz von der Wahl ausgeschlossen, weil sie
- Frauen waren,
- einer rassischen oder religiösen Minderheit angehörten,
- zu einer von verschiedenen Volksgruppen im Lande gehörten, die von einer anderen unterdrückt wurden,
- ein festgesetztes Mindestmaß (Zensus) an Besitz, Einkommen, Steuerleistung oder Bildung nicht aufweisen konnten (Besitz-, Einkommens-, Steuer- oder Bildungszensus).

Einige Voraussetzungen werden jedoch auch heute noch an die Ausübung des Wahlrechts geknüpft, weil sie als unerläßlich für seinen sinnvollen Gebrauch gelten. So muß ein Wähler ein bestimmtes Alter haben, die deutsche Staatsangehörigkeit besitzen, geistig zurechnungsfähig und rechtlich handlungsfähig sein. Diese „Minimalanforderungen" gelten aber als mit dem Grundsatz der Allgemeinheit vereinbar.

1.2 Das aktive Wahlrecht

Im Bundeswahlgesetz kann nun jeder nachlesen, welche Voraussetzungen man erfüllen muß, um bei einer Bundestagswahl seine Stimme abgeben zu können:

§ 12
Wahlrecht
(1) Wahlberechtigt sind alle Deutschen im Sinne des Artikels 116 Abs. 1 des Grundgesetzes, die am Wahltage
1. das achtzehnte Lebensjahr vollendet haben,
2. seit mindestens drei Monaten im Geltungsbereich dieses Gesetzes eine Wohnung innehaben oder sich sonst gewöhnlich aufhalten,
3. nicht nach § 13 vom Wahlrecht ausgeschlossen sind ...

§ 13
Ausschluß vom Wahlrecht
Ausgeschlossen vom Wahlrecht ist,
1. wer infolge Richterspruchs das Wahlrecht nicht besitzt,
2. wer entmündigt ist oder wegen geistigen Gebrechens unter Pflegschaft steht, sofern er nicht durch eine Bescheinigung des Vormundschaftsgerichts nachweist, daß die Pflegschaft auf Grund seiner Einwilligung angeordnet ist.
3. wer nach § 63 des Strafgesetzbuches in einem psychiatrischen Krankenhaus untergebracht ist,

4. wer infolge Richterspruchs auf Grund landesrechtlicher Vorschriften wegen Geisteskrankheit oder Geistesschwäche nicht nur einstweilig in einem psychiatrischen Krankenhaus untergebracht ist.

(Bundeswahlgesetz zit. nach: Walter Gensior, Volker Krieg: Kleine Wahlrechtsfibel, Leverkusen-Opladen 1980, S. 115, 116)

Grundsätzlich kann jeder 18jährige Deutsche wählen. Von diesem Grundrecht kann man nur aus schwerwiegenden Gründen ausgeschlossen werden, und welche Gründe das sind, ist im Bundeswahlgesetz festgelegt. Im wesentlichen handelt es sich um zwei Personengruppen, die ausgeschlossen sind:
- Die eine Gruppe bilden diejenigen, denen man die nötige politische Einsichts- und Urteilsfähigkeit (noch) abspricht. Aus diesem Grunde sind auch Kinder und Jugendliche unter 18 Jahren ausgeschlossen, ebenso aber Erwachsene, die schwer geistig behindert oder entmündigt sind.
- Die andere Gruppe sind diejenigen, denen man ein „Mindestmaß an Bindung an unseren Staat" (Wolfgang Schreiber: Handbuch des Wahlrechts zum Deutschen Bundestag, Bd. 1, Kommentar zum Bundeswahlgesetz, Köln: Carl Heymanns Verlag, 1976, S. 208) und damit ein ausreichendes politisches Verantwortungsbewußtsein abspricht. Wer daher wegen Spionage, Terrorismus und anderer, gegen die Staatsordnung gerichteter Vergehen verurteilt wird, kann per Gerichtsbeschluß auch vom Wahlrecht ausgeschlossen werden.

1.3 Aktives Wahlrecht gestern und heute
Das Wahlrecht ist in den letzten 150 Jahren auf immer breitere Bevölkerungskreise ausgedehnt worden. Entsprechend haben sich die Merkmale, nach denen bestimmte Personen vom Wahlrecht ausgeschlossen wurden, im Laufe der Zeit grundlegend geändert. An der Erweiterung des Wahlrechts kann man ablesen, wie sich die Vorstellung von Demokratie gewandelt hat.

Gestern: Der Kampf um das allgemeine Wahlrecht
Mitte des letzten Jahrhunderts wurde die Forderung nach einem demokratischen Wahlrecht erfüllt, als man mit der Revolution von 1848 das allgemeine Wahlrecht einführte. Die Frankfurter Nationalversammlung war das erste deutsche Reichsparlament, das aus allgemeinen Wahlen hervorging.

© Bildarchiv Preussischer Kulturbesitz

Allgemeines Wahlrecht bedeutete hier noch „allgemeines Männerwahlrecht". Frauen blieben wie selbstverständlich ausgeschlossen, als Mangel an der Demokratie wurde das zunächst nicht empfunden.

... Widerstand gegen das allgemeine Männerwahlrecht

Große Teile der männlichen Bevölkerung waren bis 1848 in vielen deutschen Ländern noch durch einen „Zensus" vom Wahlrecht ausgeschlossen. Wahlberechtigt waren dort nur Männer, die Steuern in einer bestimmten Mindesthöhe bezahlten oder Besitz bzw. Vermögen aufweisen konnten. Die Forderung nach der Einführung des allgemeinen Männerwahlrechts stieß auf heftigen Widerstand im Bürgertum, das fürchtete, seinen politischen Einfluß an die Masse der Ungebildeten, Besitzlosen und Abhängigen, vor allem an die Arbeiter, zu verlieren. Zwei Vertreter dieser Gruppe waren die Liberalen Hansemann und Weber.
Der Textilkaufmann David Hansemann 1840:

Wenn alle Staatsbürger bei den Angelegenheiten des Staates mitwirken dürfen, ist die Erhaltung der Freiheit gefährdet. Die Herrschaft der Massen durch das allgemeine Wahlrecht gilt als Herrschaft der Unvernunft.
... Wähler von untergeordneter sozialer Stellung oder mit höchst unbeträchtlichem Besitztum verderben oft die Freiheit entweder durch Träg-

heit, die sie abhält, ihre politischen Rechte auszuüben, oder durch Schwäche und Bestechlichkeit, die besonderen Interessen zugänglich sind.

(zitiert nach Heinz Boberach: Wahlrechtfrage im Vormärz, Düsseldorf 1959, S. 65)

Der nationalliberale Abgeordnete Weber 1867 in der Wahlrechtsdiskussion im Norddeutschen Reichstag:

„Das allgemeine direkte Wahlrecht ist meine Liebe nie gewesen, es bringt und legt die staatsbürgerlichen Rechte in die Hand einer Menge sozial wie geistig abhängiger Existenzen." Es fordere geradezu zur Beeinflussung heraus, zur Verfälschung der öffentlichen Meinung, zu einer Korruption, durch die seine Vorteile wiederaufgehoben würden. Er warne vor dem Gedanken, es anzunehmen, „um vermittels desselben einen Gegendruck auszuüben gegen die Mittelklassen, gegen das Bürgertum, welches ... der wahre Träger der freiheitlichen Ideen und der wahre Grundstein aller europäischen Staaten ist."

(zitiert nach Walter Gagel: Die Wahlrechtsfrage in der Geschichte der deutschen liberalen Partei 1848—1919, Düsseldorf 1958, S. 53)

... Widerstand gegen das Frauenwahlrecht

1919 wurde mit der Wahl zum 1. Reichstag der Weimarer Republik das allgemeine Wahlrecht, nach einer ca. 50jährigen Auseinandersetzung, auf die Frauen ausgedehnt:

Die Argumente, die man in den 70er (1870) Jahren z. B. im House of Commons (einer der beiden Kammern des englischen Parlaments, in dem die gewählten Repräsentanten sitzen) äußerte – die einen ausgehend von der zu konservierenden Erhabenheit, Zartheit und Reinheit des weiblichen Geschlechts, die von dem wüsten politischen Treiben befleckt werden könnten; die anderen verwurzelt in der Überzeugung der geistigen Inferiorität (Minderwertigkeit) der Frau, die, hineingezogen in die hohe Politik, nur die Auflösung aller gesellschaftlichen Ordnungen verursachen werde – diese Argumente genossen universelle Verbreitung und Anerkennung. In Deutschland wurden sie bereichert um jene echt-deutsche Variante über den „Beruf" der Frau (den „natürlichen", „heiligen", „echten" und „wahren") und gestärkt durch eine Nuance jenes „reckenhaften Germanentums", das z. B. in Heinrich von Treitschke (Rechtsprofessor, 1834–1896) lebendig war, wenn er seine Studenten wie folgt belehrte:

Man erkennt, „daß unsere germanischen Vorfahren von gesundem Sinne gewesen sind, wenn sie die Weiber von der Regierung ausgeschlossen haben ... Obrigkeit ist männlich; das ist ein Satz, der sich eigentlich von

selbst versteht. Von allen menschlichen Begabungen liegt keine dem Weibe so fern wie der Rechtssinn. Fast alle Frauen lernen, was Recht ist, erst durch ihre Männer. ... Dazu das rein physische (körperliche) Moment, daß Regieren bedeutet: bewaffneten Männern gebieten, und daß bewaffnete Männer sich den Befehl eines Weibes nicht gefallen lassen".
Professor Dr. jur. Otto von Gierke (1841–1921) äußerte sich in ähnlichem Sinne gegen eine Teilnahme der Frauen am öffentlichen Leben:
„Wer ... dem geschichtlich bewährten Ideal des männlichen Staates die Treue hält, würde töricht handeln, wenn er ein Zugeständnis machte. Unsere Zeit ist ernst. ... Sorgen wir vor allem, daß unsere Männer Männer bleiben! Es war stets ein Zeichen des Verfalls, wenn die Männlichkeit den Männern abhanden kam und sie ihre Zuflucht zu den Frauen nahmen"!
... Als im Kreise um Gertrud Guillaume-Schack in Berlin (Verein zur Vertretung der Arbeiterinneninteressen 1885/86), die Forderung des Frauenstimmrechts erhoben wurde, erwiderte Karl Baumbach 1885 sofort in der (Zeitschrift) „Nation":
„... trotz ... Stuart Mill (englischer Staatstheoretiker, der Befürworter des Frauenwahlrechts war, 1806–1873), bin ich nicht gewillt, die Gleichberechtigung der Frau von dem privatrechtlichen Gebiet (z. B. in der Familie) auf dasjenige des öffentlichen Rechts (z. B. auf das Wahlrecht) zu übertragen.
Schlimm genug, daß die eiserne Notwendigkeit manche Frau dazu zwingt, aus dem trauten Kreise des Familienglücks heraus- und mit dem Manne in den ernsten Wettkampf der Arbeit ... einzutreten.
Lassen Sie, Verehrteste, im übrigen die Frau in ihrer eigensten Berufssphäre, da, wo der Reichtum eines warmen Gemüts zur Geltung kommt, während sich der kalte Verstand des Mannes draußen abmüht; sei es im Parlament, sei es außerhalb desselben".

(Margit Twellmann: Die deutsche Frauenbewegung, Meisenheim 1973, S. 202, 203, 220)

Wahlplakat aus dem Jahr 1919

1919 hatten die Frauen erstmals das Recht an den Wahlen zur Nationalversammlung teilzunehmen. Hier auf dem Bild die Schauspielerin Senta Söneland als Wahlrednerin auf der Straße. Schon 1891 forderte die SPD im Erfurter Programm als erste Partei das allgemeine, gleiche, direkte Wahl- und Stimmrecht für alle Reichsangehörigen über 20 Jahre „ohne Unterschied des Geschlechts". Der aus Sozialdemokraten bestehende Rat der Volksbeauftragten, die Übergangsregierung des Deutschen Reiches, verfügte schließlich 1918 das aktive und passive Wahlrecht für Frauen.

(Antje Huber, Hrsg.: Die Sozialdemokratinnen, Stuttgart 1984, S. 54, 63)

Heute: Altersgrenze und Ausländerwahlrecht

Mit der Einführung des allgemeinen Männer- und Frauenwahlrechtes waren eigentlich keine Bevölkerungsgruppen mehr vom Wahlrecht ausgeschlossen. Also Ende der Diskussion? Noch nicht. Mit zwei Themen wurde die Auseinandersetzung um das aktive Wahlrecht auch in der Bundesrepublik noch weitergeführt.

... Herabsetzung des Wahlalters

Über die Herabsetzung des Wahlalters von 21 auf 18 Jahre wurde 5 Jahre debattiert, bis man schließlich 1970 ein entsprechendes Gesetz verabschiedete. Hier eine Zusammenfassung der wichtigsten pro- und contra-Argumente.

pro
- Wenn man jungen Menschen im Alter von 18 Jahren zumutet, ihren Wehrdienst in der Bundeswehr abzuleisten, dann sollte man ihnen auch das Recht zugestehen, über die Geschicke dieses Staates durch den Stimmzettel mitzuentscheiden. ... Staatsbürgerlichen Pflichten sollten stets auch staatsbürgerliche Rechte entsprechen.
- Schulpflicht und Lehrzeit enden gewöhnlich mit 18 Jahren. Dieser Zeitpunkt kann deshalb etwa als Ende der Jugendzeit angesehen werden. Der größte Teil der 18- bis 20jährigen steht bereits vollverantwortlich im Berufs- und Erwerbsleben mit allen sich daraus ergebenden Rechten und Pflichten.
- Die jungen Menschen sollten durch die Möglichkeit der Teilnahme an politischen Wahlen zu einem möglichst frühen Zeitpunkt auch praktisch an die Demokratie herangeführt werden. ... Demokratie verlangt Mitbestimmung und Mitverantwortung. Je früher die junge Generation in eine Demokratie integriert wird, desto stabiler wird

contra
- Zwischen Wehrpflichtalter und Wahlalter besteht kein zwingender Zusammenhang. Der Wehrdienst erfordert keine Qualifikation, die für die Wahlentscheidung erforderlich ist, wie z. B. politische Kenntnisse und Erfahrungen. ... „So wie man im Militär zuerst gehorchen lernt, bevor man befehlen kann, so muß man auch im Staatsleben überhaupt zuerst einmal dienen, ehe man mit führt; der Wehrdienst ist ein Dienst und das Wahlrecht ein Führungsamt des Bürgers."
(Der CSU-Abgeordnete Jaeger in der Bundestagsdebatte vom 15. 11. 1968.)

- Die Erfahrungen aus früheren Bundestagswahlen zeigen, daß junge Menschen von 21 bis 25 Jahren „wahlmüder" als über 25jährige Erwachsene sind. ... Erst mit wachsender Berufserfahrung und in der Verantwortung für die eigene Familie wird die Bedeutung politischer Entscheidungen stärker bewußt. Auch bedarf es wohl einiger sich diese Demokratie gegen innen- und außenpolitische Bedrohungen erweisen.

- Ein größerer Anteil junger Menschen an der Gesamtwählerschaft würde einen größeren Druck auf die Parteien ausüben, stärker als bisher die Probleme der Jugend zu beachten und überzeugender als bisher nach einer Antwort auf die drängenden jugendpolitischen Fragen zu suchen.

- Der Reifeprozeß der heutigen Jugendlichen unter 21 Jahren auf geistigem, beruflichem und politischem Gebiet vollzieht sich schneller als bei früheren Generationen. Junge Menschen urteilen heute bereits mit 18 Jahren kritisch, sachlich und vorurteilslos.

- Es ist schwer miteinander vereinbar, Jugendlichen die Gründung einer Familie zu erlauben, ihnen aber das Wahlrecht zu verweigern. Allein im Jahre 1964 haben 23 000 Männer und 136 000 Frauen unter 21 Jahren die Ehe geschlossen. Der Anteil der Frühehen wird sehr wahrscheinlich weiter ansteigen.

Zeit, bis die nötige Sicherheit gewonnen worden ist, zwischen den politischen Parteien zu entscheiden.

- Bei einem Wahlberechtigten sollte (jedoch) eine gesicherte und selbstverantwortliche Einordnung in berufliche und gesellschaftliche Positionen vorausgesetzt werden. Die soziale Integration muß das erste Kriterium für politische Mitbestimmung abgeben. Die 18- bis 21-jährigen verfügen noch nicht über den als notwendige Voraussetzung anzusehenden klaren Standort in der Gesellschaft.

- Die politischen und gesellschaftlichen Probleme werden zunehmend komplizierter. Dementsprechend wachsen die Anforderungen an die Fähigkeit des Wählers, die komplizierten Zusammenhänge zu durchschauen und sich darauf aufbauend ein Urteil zu bilden. Diese Fähigkeit kann jedoch bei einem Alter von 18 Jahren noch nicht in ausreichendem Maße vorausgesetzt werden.

- Eine Herabsetzung des Wahlalters müßte zwingend auch eine Herabsetzung des Volljährigkeitsalters – wie auch anderer Altersgrenzen – nach sich ziehen. ... Eine Herabsetzung des Volljährigkeitsalters (1970 geschehen) würde durch den Fortfall der Schutzbestimmungen aber zumindest für einen Teil der Jugend negative Wirkungen zur Folge haben.

(zusammengestellt aus: Hans-Helmut Röhring: Mit 18 wählen?, in: Aus Politik und Zeitgeschichte, 1969, B 33, S. 28—48)

... Wahlrecht für Ausländer

Das vorläufig letzte Stadium der Diskussion scheint mit der Frage des Wahlrechts für Ausländer erreicht. Zur Zeit leben ca. 3 Millionen Ausländer in der Bundesrepublik, die älter als 18 Jahre sind. Ca. 2 Millionen leben seit 10 Jahren und länger hier. Sie können Mitglieder in Parteien werden, vom Wahlrecht aber sind sie ausgeschlossen. Seit Mitte der 70er Jahre wird die Frage eines Wahlrechts für Ausländer diskutiert:

Nach vorherrschender Meinung der Verfassungsjuristen schließt das Grundgesetz ein Wahlrecht für Ausländer auf der Bundes- und Landesebene aus. Dagegen wird die Möglichkeit eines kommunalen Wahlrechtes für Ausländer verfassungs*rechtlich* günstiger beurteilt. Hinzu kommt, daß
5 die Gemeinden am stärksten unmittelbar mit den Problemen der Ausländer konfrontiert sind und die ausländische Wohnbevölkerung sich in den Städten und Gemeinden der industriellen Ballungsräume konzentriert. Im westeuropäischen Vergleich haben einige Länder – Schweden, Dänemark, Niederlande – ihren ausländischen Einwohnern das kommu-
10 nale Wahlrecht eingeräumt. Die wichtigsten Argumente in der Diskussion um ein kommunales Wahlrecht sind:

pro
– Es widerspricht dem Selbstverständnis einer demokratischen Gesellschaft, einer quantitativ gewichtigen Gruppe, die Steuern zahlt und von den politischen Entscheidungen betroffen ist, das Wahlrecht vorzuenthalten;
– die ausländischen Einwohner können die politische Berücksichtigung ihrer legitimen Interessen erst erwarten, wenn sie über das Druckmittel des Stimmzettels verfügen;
– das Wahlrecht für Ausländer symbolisiert die Anerkennung ihrer Gleichberechtigung und beugt einer möglichen politischen Radikalisierung vor.

contra
– Staatsangehörigkeit und Wahlrecht gehören zusammen. Von ausländischen Einwohnern kann keine ungebrochene Loyalität zum Staat Bundesrepublik Deutschland erwartet werden, so daß insbesondere bei internationalen Konfliktsituationen eine ausländische Beeinflussung der politischen Willensbildung in der Bundesrepublik zu befürchten ist.
– ein Wahlrecht für Ausländer würde die gebotene Symmetrie von Rechten und Pflichten verletzen, da Ausländer z. B. nicht der Wehrpflicht unterliegen. Außerdem könnten sich ausländische Einwohner den Konsequenzen ihrer Wahlentscheidungen durch Rückkehr in ihr Heimatland entziehen;

contra
- die Prägung durch die politische Kultur des Heimatlandes werde zu einer Übertragung außerdeutscher Konflikte auf die Bundesrepublik und möglicherweise zur Bildung ausländisch gesteuerter politischer Parteien und Wählervereinigungen führen;
- gegen ein auf die Kommunen beschränktes Wahlrecht für Ausländer wird aus zwei Richtungen argumentiert: Die kommunalen Spitzenverbände z. B. wenden sich gegen die Abkoppelung der Wahlrechtsvoraussetzungen der Kommunen von denen des Bundes und der Länder und sehen darin eine Abwertung des kommunalen Wahlrechtes. Andere interpretieren das kommunale Wahlrecht als reines Trostpflaster für die ausländischen Einwohner, das ihre politische Benachteiligung festschreibe, da die für die Ausländer zentralen politischen Entscheidungen im Bund und in den Ländern fielen;

(Uwe Anderson, Manfred Cryns: Politische Beteiligung von Ausländern im Kommunalbereich, in: Aus Politik und Zeitgeschichte, 1984, B 32, S. 35—46 [S. 37])

Die Argumente gleichen sich
Vergleicht man nun noch einmal die Argumente, die zu unterschiedlichen Zeiten angeführt wurden, um den Ausschluß einer Gruppe vom Wahlrecht zu begründen, so wird man Ähnlichkeiten entdecken können. Diese Ähnlichkeiten rühren daher, daß letztendlich alle Ausschlußgründe auf die schon bekannten beiden Hauptargumente hinauslaufen:
- fehlende politische Einsicht,
- fehlendes politisches Verantwortungsbewußtsein.

An welchen Merkmalen man feststellt, ob diese Mängel vorliegen, das freilich hat sich im Laufe der Zeit entscheidend geändert.

2. Die Praxis: aktiv wählen

Wer am Wahlsonntag zur Wahl gehen kann, das wurde im vorigen Abschnitt geklärt. Wie dieses „wählen gehen" nun praktisch aussieht, wo und wie man seine Stimme abgeben kann, das soll in diesem Abschnitt beantwortet werden.

2.1 Der Grundsatz der „geheimen" und „freien" Wahl
Für die praktische Umsetzung des Wahlrechts stellt das Grundgesetz wieder ganz bestimmte Anforderungen: Die Wahl soll geheim und frei sein:

Geheim
Die geheime Wahl will die freie Wahlentscheidung der Wahlberechtigten sichern, die sich aus dem Erfordernis der Wahlfreiheit ergibt (...). Sie verlangt, daß die Stimmabgabe der Wähler, die heute zumeist mittels Stimmzetteln erfolgt, in ihrer Entscheidung von anderen nicht erkennbar
5 ist. Diesem Zweck haben bei geheimen Wahlen die technischen Regelungen zu dienen, die Wahlzelle, amtliche, verdeckbare Stimmzettel, versiegelte Wahlurnen etc.

(Dieter Nohlen: Wahlsysteme der Welt, München 1978, S. 44, 45)

Frei
ist die Wahl, wenn der Wahlberechtigte bei der Wahl seinen wirklichen
10 Willen unverfälscht zum Ausdruck bringen kann. Dieser Grundsatz besagt damit im besonderen, daß der Wähler sein Wahlrecht ohne Zwang oder sonstige unzulässige Beeinflussung von außen ausüben kann, und zwar gleichgültig, ob diese von amtlicher oder privater Seite ausgehen. Praktische Voraussetzung und historisch-tradiertes Postulat der freien
15 Wahl sind deren Geheimheit. Die Grundsätze der freien und der geheimen Wahl sind nach heutigem Verständnis einander derart unauflöslich zugeordnet, daß sich die meisten Verfassungen auf die besondere Garantie der geheimen Wahl beschränken.

(Walter Gensior, Volker Krieg: Kleine Wahlrechtsfibel, Leverkusen-Opladen 1980, S. 23)

2.2 Wählerverzeichnis und Wahlschein
Bevor ein Wahlberechtigter allerdings seine Stimme auf freie und geheime Weise abgeben kann, muß er noch einige Formalitäten erfüllen. Denn es genügt nicht, wahlberechtigt zu sein und wählen zu wollen, man muß außerdem in einem „Wählerverzeichnis" stehen.
Wer seit drei Monaten einen festen Wohnsitz hat und damit beim Einwohnermeldeamt seiner Gemeinde angemeldet ist, wird automatisch in das Wählerverzeichnis aufgenommen. Er bekommt eine Wahlbenachrichtigung zugeschickt und kann zur Wahl gehen.
Übrige Wahlberechtigte, die vielleicht erst vor einem Monat umgezogen sind oder gar keinen festen Wohnsitz haben, sich aber „sonst gewöhnlich (in der Bundesrepublik) aufhalten" (Bundeswahlgesetz § 12), müssen selbst zum Wahlamt gehen und sich dort einen Wahlschein ausstellen lassen. Damit können also auch nichtseßhafte

Land- und Stadtstreicher an der Wahl teilnehmen, wenn sie vorher den Weg zum Wahlamt auf sich nehmen.
Wer jetzt eine Wahlbenachrichtigung oder einen Wahlschein besitzt, der kann am Wahlsonntag in ein „Wahllokal" (keine Kneipe, sondern meist eine Schule) seines Stimmbezirks gehen. Weiß jemand jedoch schon im voraus, daß er nicht persönlich hingehen kann, sei es wegen Krankheit oder Urlaub, der kann mit der Wahlbenachrichtigung die Unterlagen für die Briefwahl anfordern und per Post abstimmen.

2.3 Die Stimmabgabe

Im Wahllokal wird von den ehrenamtlichen Helfern noch einmal kontrolliert, ob der Wähler im Verzeichnis eingetragen ist. Die Wahlunterlagen – Stimmzettel und Umschlag – werden ihm ausgehändigt, er geht in die Kabine, macht ein Kreuz, verschließt den Stimmzettel im Umschlag und wirft ihn in die Urne ein.

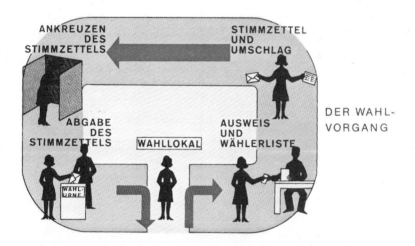

DER WAHLVORGANG

Die eigentliche Wahl wird mit dem Ankreuzen des Stimmzettels vollzogen. Schaut man sich den Stimmzettel genau an, so sieht man, daß zweierlei zur Auswahl steht,
– zum einen ein Kandidat, der den Wahlkreis, in dem man wohnt, als Abgeordneter im Bundestag vertreten will,
– zum anderen eine Partei mit einer Liste von Kandidaten, die als Vertreter der Partei in den Bundestag einziehen wollen.
Dieser zweifachen Wahl entsprechend hat der Wähler auch zwei Stimmen: Die Erststimme für den bevorzugten Wahlkreiskandidaten, die Zweitstimme für die Partei, die er unterstützen will. Beide Stimmen sind voneinander unabhängig.

Stimmzettel

für die Wahl zum Deutschen Bundestag im Wahlkreis 60 Köln II am 6. März 1983

Sie haben 2 Stimmen

⊗ ⊗

hier 1 Stimme
für die Wahl
eines Wahlkreisabgeordneten
(Erststimme)

hier 1 Stimme
für die Wahl
einer Landesliste (Partei)
(Zweitstimme)

#	Erststimme			Zweitstimme		#
1	**Fuchs, Anke** Bundestagsabgeordnete 5300 Bonn 2 Kronprinzenstraße 23a	**SPD**	Sozialdemokratische Partei Deutschlands	**SPD** — Sozialdemokratische Partei Deutschlands; Brandt, Wischnewski, Frau Huber, Schmidt, Frau Renger	○	1
2	**Dr. Blens, Heribert** Vorsitzender Richter 5000 Köln 80 Schluchter Heide 5	**CDU**	Christlich Demokratische Union Deutschlands	**CDU** — Christlich Demokratische Union Deutschlands; Dr. Barzel, Dr. Blüm, Frau Dr. Wilms, Vogel, Frau Hürland	○	2
3	**Dr. Winkler, Wilhelm Peter** Arzt 5000 Köln 50 Lahnstraße 9	**F.D.P.**	Freie Demokratische Partei	**F.D.P.** — Freie Demokratische Partei; Genscher, Dr. Graf Lambsdorff, Frau Dr. Adam-Schwaetzer, Dr. Hirsch, Möllemann	○	3
4	**Leib, Hans-Joachim** Verlagsangestellter 5000 Köln 1 Wormser Straße 27	**DKP**	Deutsche Kommunistische Partei	**DKP** — Deutsche Kommunistische Partei; Mies, Frau Nieth, Frau Bobrzik, Bublitz, Frau Buschmann	○	4
5	**Welke, Christian** Lehrer 5000 Köln 51 Herthastraße 60	**GRÜNE**	DIE GRÜNEN	**GRÜNE** — DIE GRÜNEN; Vogel, Frau Dr. Vollmer, Stratmann, Frau Nickels, Schily	○	5
6	**Stephan, Birgitta** Studentin 4100 Duisburg 1 Karl-Jarres-Straße 155	**EAP**	Europäische Arbeiterpartei	**EAP** — Europäische Arbeiterpartei; Frau Zepp-La Rouche, Cramer, Frau Cramer, Schiele, Vitt	○	6
				KPD — KOMMUNISTISCHE PARTEI DEUTSCHLANDS (Marxisten-Leninisten); Brand, Detjen, Frau Schnoor, Voß, Frau Lenger-Koloska	○	7
				NPD — Nationaldemokratische Partei Deutschlands; Schultz, Gerlach, Frau Krüger, Siepmann, Aengenvoort	○	8
				USD — Unabhängige Soziale Demokraten; Bönnemann, Vorhagen, Thränhardt, Bartz, Stahlschmidt	○	9

Wie aber sind die Namen der Kandidaten und Parteien auf den Stimmzettel gelangt? Wer kann sich überhaupt zur Wahl stellen? Diese Fragen wollen wir als nächstes beantworten.

3. Wer kann gewählt werden?

Schauen wir zunächst wieder einmal ins Grundgesetz, denn auch für die Aufstellung von Kandidaten finden wir dort eine grundlegende Anforderung.

3.1 Der Grundsatz der „Unmittelbarkeit"
Die Wahlen sollen „unmittelbar" sein. Die Kandidaten für den Bundestag sollen direkt dem Wähler zur Auswahl gestellt werden.

Unmittelbar
ist die Wahl, wenn die Wähler die Abgeordneten selbst bestimmen, also keinen Mittler in Gestalt von Wahlmännern ... bzw. Vertretern für ihre Entscheidung benötigen. Der Grundsatz der Unmittelbarkeit besagt danach, daß jede Zwischenschaltung eines fremden Willens zwischen Stimmabgabe der Wähler und Bestimmung der Gewählten bei oder nach der Wahl ausgeschlossen ist. Der Wähler muß das letzte und entscheidende Wort haben.
Die unmitelbare Wahl steht im Gegensatz zu [früheren Verfahren] der Wahl von sog. Wahlmännergremien, die die geeigneten Kandidaten sollten besser herausfinden können. ...
Die Listenwahl, auch die Wahl nach starren Listen ... liegt im Rahmen der unmittelbaren Wahl, solange die Listen aus vorab, vor der Wahl, unabänderlich festgelegten Bewerbern bestehen.

(Walter Gensior, Volker Krieg: Kleine Wahlrechtsfibel, Leverkusen-Opladen, 3. Aufl. 1980, S. 21, 22)

Direkte (unmittelbare) und indirekte (mittelbare) Wahl

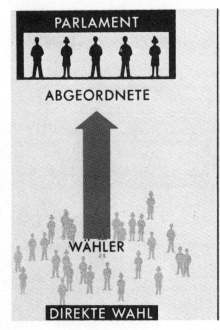

3.2 Das passive Wahlrecht
Wer sich nun unmittelbar den Wählern zur Wahl stellen kann, legen wiederum das Grundgesetz und das Bundeswahlgesetz fest: wählbar ist jeder, der wahlberechtigt ist und seit mindestens einem Jahr die deutsche Staatsangehörigkeit besitzt.

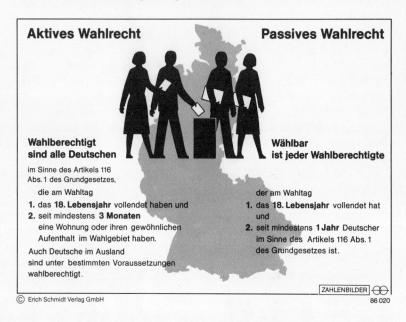

Kann also jeder wahlberechtigte 18jährige Deutsche bei der nächsten Bundestagswahl seine Kandidatur anmelden? Beantworten wir die Frage an einem Beispiel. Nehmen wir an, die Rektorin einer Kölner Grundschule erwägt, sich um ein Bundestagsmandat zu bewerben. Sie ist politisch sehr interessiert, engagiert in diversen Vereinen und Initiativen und außerdem der Meinung, daß es zu wenig Frauen im Bundestag gibt. Sie ist 40 Jahre alt, seit 10 Jahren mit einem Italiener verheiratet, hat aber ihre deutsche Staatsangehörigkeit behalten. Damit besitzt sie das passive Wahlrecht. Wie könnte sie nun erreichen, daß ihr Name auf dem Stimmzettel erscheint?

3.3 Kandidatur im Wahlkreis
Als erstes könnte die Rektorin erwägen, sich um ein Direktmandat in ihrem Wahlkreis zu bewerben.
Für die Wahl der Direktkandidaten wurde das gesamte Bundesgebiet in 248 Wahlkreise mit annähernd gleicher Einwohnerzahl aufgeteilt (siehe Seite 35–38). In jedem Wahlkreis wird ein Abgeordneter für den Bundestag gewählt.

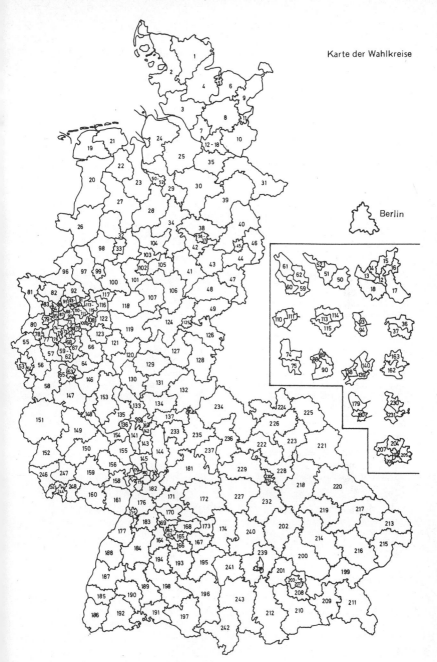

infas: Politogramm, Bundestagswahl 1983, Bonn-Bad Godesberg, März 1983, S. 45

Schleswig-Holstein
1. Flensburg — Schleswig
2. Nordfriesland — Dithmarschen-N.
3. Steinburg — Dithmarschen Süd
4. Rendsburg-Eckenförde
5. Kiel
6. Plön — Neumünster
7. Pinneberg
8. Segeberg — Stormern-Nord
9. Ostholstein
10. Herzogtum Leuenburg — Stormern-Süd
11. Lübeck

Hamburg
12. Hamburg-Mitte
13. Hamburg-Altona
14. Hamburg-Eimsbüttel
15. Hamburg-Nord
16. Hamburg-Wandsbek
17. Hamburg-Bergedorf
18. Hamburg-Harburg

Niedersachsen
19. Aurich — Emden
20. Unterems
21. Friesland — Wilhelmshaven
22. Oldenburg — Ammerland
23. Delmenhorst — Wesermarsch
24. Cuxhaven
25. Stade
26. Mittelems
27. Cloppenburg — Vechte
28. Diepholz
29. Verden
30. Soltau — Rotenburg
31. Lüneburg — Lüchow-Dannenberg
32. Osnabrück-Land
33. Osnabrück
34. Nienburg — Schaumburg
35. Harburg
36. Stadt Hannover I
37. Stadt Hannover II
38. Hannover Land I
39. Celle — Uelzen
40. Gifhorn — Peine
41. Hameln — Holzminden
42. Hannover-Land II
43. Hildesheim
44. Salzgitter — Wolfenbüttel
45. Braunschweig
46. Helmstedt — Wolfsburg
47. Goslar
48. Northeim — Osterode
49. Göttingen

Bremen
50. Bremen-Ost
51. Bremen-West
52. Bremerhaven — Bremen-Nord

Nordrhein-Westfalen
53. Aachen
54. Kreis Aachen
55. Heinsberg
56. Duren
57. Erftkreis I
58. Euskirchen — Erftkreis II
59. Köln I
60. Köln II
61. Köln III
62. Köln IV
63. Bonn
64. Rhein-Sieg-Kreis I
65. Rhein-Sieg-Kreis II
66. Oberbergischer Kreis
67. Rheinisch-Bergischer Kreis I
68. Leverkusen — Rheinisch-Bergischer Kreis II
69. Wuppertal I
70. Wuppertal II
71. Solingen — Remscheid
72. Mettmann I
73. Mettmann II
74. Düsseldorf I
75. Düsseldorf II
76. Neuss I
77. Neuss II
78. Mönchengladbach
79. Krefeld
80. Viersen
81. Kleve
82. Wesel I
83. Wesel II
84. Duisburg I
85. Duisburg II
86. Oberhausen
87. Mülheim
88. Essen I
89. Essen II
90. Essen III
91. Recklinghausen I
92. Recklinghausen II
93. Gelsenkirchen I
94. Gelsenkirchen II — Recklinghausen III
95. Bottrop — Recklinghausen IV
96. Borken
96. Coesfeld — Steinfurt I
98. Steinfurt II
99. Münster
100. Warendorf
101. Gütersloh

102	Bielefeld
103	Herford
104	Minden Lübbecke
105	Lippe I
106	Höxter — Lippe II
107	Paderborn
108	Hagen
109	Ennepe-Ruhr-Kreis I
110	Bochum I
111	Bochum II — Ennepe-Ruhr-Kreis II
112	Herne
113	Dortmund I
114	Dortmund II
115	Dortmund III
116	Unna I
117	Hamm — Unna II
118	Soest
119	Hochsauerlandkreis
120	Siegen I
121	Olpe — Siegen II
122	Märkischer Kreis I
123	Märkischer Kreis II

Hessen

124	Waldeck
125	Kassel
126	Werra — Meißner
127	Schwalm — Eder
128	Hersfeld
129	Marburg
130	Lahn-Dill
131	Gießen
132	Fulda
133	Hochtaunus
134	Wetterau
135	Rheingau-Taunus-Limburg
136	Wiesbaden
137	Hanau
138	Frankfurt am Main I — Main-Taunus
139	Frankfurt am Main II
140	Frankfurt am Main III
141	Groß-Gerau
142	Offenbach
143	Darmstadt
144	Odenwald
145	Bergstraße

Rheinland-Pfalz

146	Neuwied
147	Ahrweiler
148	Koblenz
149	Cochem
150	Kreuznach
151	Bitburg
152	Trier
153	Montabaur
154	Mainz
155	Worms
156	Frankenthal
157	Ludwigshafen
158	Neustadt — Speyer
159	Kaiserslautern
160	Pirmasens
161	Landau

Baden-Württemberg

162	Stuttgart-Süd
163	Stuttgart-Nord
164	Böblingen
165	Esslingen
166	Nürtingen
167	Göppingen
168	Waiblingen
169	Ludwigsburg
170	Neckar-Zaber
171	Heilbronn
172	Schwäbisch Hall
173	Backnang — Schwäbisch Gmünd
174	Aalen — Heidenheim
175	Karlsruhe-Stadt
176	Karlsruhe-Land
177	Rastatt
178	Heidelberg
179	Mannheim I
180	Mannheim II
181	Odenwald — Tauber
182	Rhein-Neckar
183	Pforzheim
184	Calw
185	Freiburg
186	Lörrach — Müllheim
187	Emmendingen — Lahr
188	Offenburg
189	Rottweil
190	Schwarzwald-Baar
191	Konstanz
192	Waldshut
193	Reutlingen
194	Tübingen
195	Ulm
196	Biberach
197	Ravensburg — Bodensee
198	Zollernalb — Sigmaringen

Bayern

199	Altötting
200	Freising
201	Fürstenfeldbruck
202	Ingolstadt
203	München-Mitte
204	München-Nord
205	München-Ost
206	München-Süd

207	München-West	229	Fürth
208	München-Land	230	Nürnberg-Nord
209	Rosenheim	231	Nürnberg-Süd
210	Starnberg	232	Roth
211	Traunstein	233	Aschaffenburg
212	Weilheim	234	Bad Kissingen
213	Deggendorf	235	Main-Spessart
214	Landshut	236	Schweinfurt
215	Passau	237	Würzburg
216	Rottal-Inn	238	Augsburg-Stadt
217	Straubing	239	Augsburg-Land
218	Amberg	240	Donau-Riss
219	Regensburg	241	Neu-Ulm
220	Schwandorf	242	Oberallgäu
221	Weiden	243	Ostallgäu
222	Bamberg		
223	Bayreuth	**Saarland**	
224	Coburg	244	Saarbrücken I
225	Hof	245	Saarbrücken II
226	Kulmbach	246	Saarlouis
227	Ansbach	247	Sankt Wendel
228	Erlangen	248	Homburg

infas: Politogramm, Bundestagswahl 1983, Bonn, März 1983, S. 44.

Für die Kandidatur hat das Wahlgesetz allerdings eine Hürde eingebaut, mit der sichergestellt werden soll, daß nur ernstgemeinte Wahlvorschläge beim Kreiswahlleiter eingereicht werden.

Als unabhängige Kandidatin ...

Parteilose Bewerber müssen deshalb von „mindestens 200 Wahlberechtigten des Wahlkreises persönlich und handschriftlich" in ihrer Kandidatur unterstützt werden (Bundeswahlgesetz § 20).
Wenn unsere Rektorin keiner Partei angehört, muß sie also 200 Unterschriften sammeln, diese beim Wahlleiter vorlegen und erst dann wird er ihren Namen auf dem Stimmzettel unter der Rubrik „Erststimme" aufführen. Die 200 Unterschriften zusammenzubekommen, dürfte ihr nicht schwerfallen, da sie durch ihr Engagement in verschiedenen Vereinen guten Kontakt zu vielen Leuten hat.

... ohne Aussicht auf Erfolg

Ihre Aussichten, das Direktmandat auch zu gewinnen, sind jedoch gleich Null. Dazu braucht sie nämlich die Mehrheit der Stimmen im Wahlkreis, und die kann sie heute gegen die Konkurrenz der Kandidaten aus den Parteien nicht gewinnen.

Als Kandidatin einer Partei ...

Ist die Rektorin selbst Parteimitglied, könnte sie von ihrer Partei vorgeschlagen werden. In diesem Fall ist es ausreichend, daß der Landesvorstand der Partei ihren Wahlvorschlag unterschreibt. Allerdings muß die Partei in den letzten sechs Jahren an einer Wahl teilgenommen haben, ansonsten müssen auch diese Bewerber jeweils 200 Unterschriften vorlegen.

... mit Aussicht auf Erfolg nur bei CDU, CSU und SPD

Das Direktmandat in einem Wahlkreis wird die Rektorin jedoch nur dann gewinnen, wenn sie von der CDU (in Bayern CSU) oder der SPD als Kandidatin in ihrem Wahlkreis aufgestellt worden ist. Nur diese Parteien haben es seit der 4. Bundestagswahl 1961 geschafft, eine Stimmenmehrheit in den Wahlkreisen zu bekommen:

Tabelle 1: Direktmandate der Parteien 1949–1983

Parteien	1. Wahl 1949	2. Wahl 1953	3. Wahl 1957	4. Wahl 1961	5. Wahl 1965	6. Wahl 1969	7. Wahl 1972	8. Wahl 1976	9. Wahl 1980	10. Wahl 1983
CDU/CSU	115	172	194	156	154	121	96	134	121	180
SPD	96	45	46	91	94	127	152	114	127	68
FDP	12	14	1	–	–	–	–	–	–	–
DP [1]	5	10	6	–	–	–	–	–	–	–
BP [2]	11	–	–	–	–	–	–	–	–	–
Zentrum	–	1	–	–	–	–	–	–	–	–
Parteilose	3	–	–	–	–	–	–	–	–	–
insgesamt	242	242	247	247	248	248	248	248	248	248

[1] Deutsche Partei
[2] Bayern Partei

Peter Schindler (Bearbeiter): Datenhandbuch zur Deutschen Geschichte, Bonn 1983, S. 45 ff. (Daten für 1949—80); infas: Politogramm, Bundestagswahl 1983, Bonn-Bad Godesberg März 1983, S. D6

Mehr noch, in ca. 150 der 248 Wahlkreise weiß man bereits vor der Wahl, wer ihn gewinnen wird. Hier hat eine der großen Parteien ihre „Hochburg" bzw. einen „sicheren Wahlkreis", das heißt, sie hat hier in den vorangegangenen Wahlen stets eine sichere Mehrheit der Erststimmen gewonnen und wird sie mit größter Wahrscheinlichkeit auch wieder gewinnen.

3.4 Kandidatur über die Landesliste

Ein zweiter Weg in den Bundestag führt über die Landesliste einer Partei. Für die Kandidaten der kleineren Parteien ist dies sogar der einzige Weg, denn – wie wir gesehen haben – sind sie ohne Aussichten, ein Direktmandat zu gewinnen.
Die Landeslisten der Parteien werden mit der Zweitstimme gewählt. Je mehr Zweitstimmen eine Landesliste für die Partei gewinnt, desto mehr Kandidaten der Liste ziehen in den Bundestag ein, und zwar in

der Reihenfolge, in der die Kandidaten auf der Liste plaziert sind. Die Reihenfolge der Kandidaten auf der Liste wird vor der Wahl von der Partei festgelegt, der Wähler hat hierauf keinen Einfluß (starre Liste). Wenn die Rektorin also von ihrer Partei einen Listenplatz bekommt, so ist ihre Aussicht auf ein Abgeordnetenmandat um so größer, je weiter vorne sie plaziert ist.

4. Die Praxis: Wie wird man Kandidat/in einer Partei?

Der Weg in den Bundestag führt, das ist deutlich geworden, zwangsläufig über eine Partei. Die Parteien treffen die Auswahl der Kandidaten und entscheiden somit darüber, welche Wahl dem Wähler überhaupt bleibt.
Da also eine wichtige „Vorentscheidung" in den Parteien fällt, schreibt das Bundeswahlgesetz hier wiederum ein demokratisches Auswahlverfahren vor: Die Parteimitglieder sollen über ihre Kandidaten in einer allgemeinen Wahl abstimmen.

§ 21
Aufstellung von Parteibewerbern
(1) Als Bewerber einer Partei kann in einem Kreiswahlvorschlag nur benannt werden, wer in einer Versammlung der wahlberechtigten Mitglieder der Partei im Wahlkreis oder in einer Versammlung der von den wahlberechtigten Mitgliedern der Partei im Wahlkreis aus ihrer Mitte gewählten Vertreter in geheimer Abstimmung hierzu gewählt worden ist ...
(6) Eine Abschrift der Niederschrift über die Wahl des Bewerbers mit Angaben über Ort und Zeit der Versammlung, die Form der Einladung und über die Zahl der erschienenen Mitglieder ist mit dem Kreiswahlvorschlag einzureichen. Hierbei haben der Leiter der Versammlung und zwei von dieser bestimmte Teilnehmer gegenüber dem Kreiswahlleiter eidesstattlich zu versichern, daß die Aufstellung der Bewerber in geheimer Abstimmung erfolgt ist.

§ 28
Landeslisten
(1) Landeslisten können nur von Parteien eingereicht werden. ...

(Walter Gensior, Volker Krieg: Kleine Wahlrechtsfibel, Leverkusen-Opladen 1980)

4.1 Die Nominierung

... im Wahlkreis

Bleiben wir beim Beispiel der Kölner Schulrektorin. Nehmen wir an, sie ist Mitglied der SPD und möchte als Kandidatin ihrer Partei in dem Wahlkreis, in dem ihre Schule liegt und in dem sie wohnt, aufgestellt werden. Nach dem Wahlgesetz müßte sie dazu von einer Mehrheit der Parteimitglieder im Wahlkreis gewählt werden.

In den großen Parteien findet nun keine unmittelbare Wahl durch die Mitglieder selbst statt. Diese wählen vielmehr nur ihre Delegierten für eine Versammlung auf der Wahlkreisebene. Und diese Delegierten stimmen dann über die Bewerber ab. Die Rektorin müßte also die Mehrheit der Delegiertenstimmen auf der Wahlkreis-Delegiertenversammlung auf sich vereinigen, um in ihrem Wahlkreis als Kandidatin der SPD nominiert zu werden.

Kandidatennominierung in einer Partei

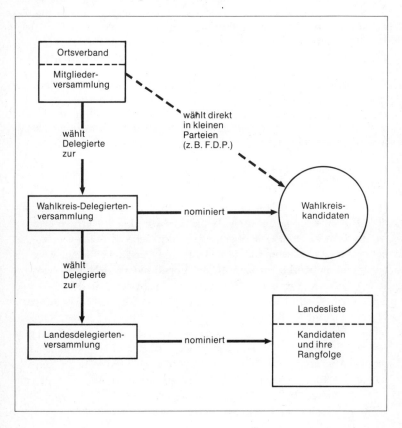

... auf der Landesliste

Will die Rektorin einen Listenplatz auf der Landesliste der nordrhein-westfälischen SPD, so braucht sie dazu eine Mehrheit der Delegiertenstimmen auf der Landesdelegiertenversammlung.

Vor der Zusammenkunft der Landesdelegiertenversammlung hat der Landesvorstand der Partei bzw. ein spezieller Ausschuß bereits einen Vorschlag ausgearbeitet, welcher Kandidat auf welchem Listenplatz seiner Meinung nach aufgestellt werden sollte. Die Delegierten stimmen über diesen Vorschlag ab, und zwar einzeln über jeden Platz. Sie können auch Gegenkandidaten aufstellen; in diesem Fall kommt es zu einer Kampfabstimmung zwischen den Bewerbern.

Für die Besetzung der Listenplätze hat sich ein bestimmtes Verfahren eingebürgert. Die ersten Plätze der Landesliste werden mit prominenten Bundespolitikern der Partei besetzt. Auf den nachfolgenden Plätzen werden die Kandidaten mit „unsicheren" Wahlkreisen berücksichtigt, die einer wichtigen innerparteilichen Gruppierung angehören (in der SPD z. B. der linke und der rechte Flügel, die Arbeitsgemeinschaft für Arbeitnehmerfragen – AfA, die Arbeitsgemeinschaft sozialdemokratischer Frauen – ASF) oder die sich so als Fachleute profiliert haben, daß die Partei Wert auf ihre Mitarbeit im Bundestag legt.

Für die Kölner Rektorin heißt das, daß sie Aussicht auf einen sicheren Listenplatz hat, wenn sie in ihrem Wahlkreis aufgestellt ist, einer wichtigen Gruppe der SPD angehört, die ihre Kandidatur unterstützt oder wenn sie als herausragende Expertin auf einem politisch bedeutsamen Gebiet gilt.

4.2 Der erfolgreiche Kandidat

Zum Beispiel Matthias Wissmann (CDU):

In den basisdemokratisch durchstrukturierten (d. h. auf der Mitwirkung der Mitglieder aufbauenden) Volksparteien wird heute Karriere gemacht wie in jeder anderen Großorganisation auch. Jeder hat eine Chance, der der Mehrheit angenehm ist und sie hinter sich versammelt – eine Zwangs-
5 läufigkeit, die Kurt Biedenkopf (CDU-Vorsitzender von Nordrhein-Westfalen) zu den warnenden Worten veranlaßte: „Systeme, in denen die einzig formale Qualifikation (Voraussetzung) auch für höchste Ämter darin besteht, mehrheitsfähig zu sein, haben eine eingebaute Tendenz zur Mittelmäßigkeit." Der erste Unions-Enkel, der sich dieser Entwicklung so
10 optimal anpaßte, daß er heute als Paradebeispiel für den „normalen, modernen Abgeordneten" gilt, der Politik konsequent zum Beruf gemacht hat, ist Matthias Wissmann, der CDU-Abgeordnete im württembergischen Wahlkreis Ludwigsburg. Er ist heute 36 Jahre alt, zwanzig Jahre seines Lebens hat er schon in der Politik verbracht.

Seine Laufbahn begann in der Jungen Union, in die er als 16jähriger Gymnasiast eintrat. Eine Generation früher hätte ein katholischer Junge wie er seine weltanschaulichen Überzeugungen noch bei den Pfadfindern ausgelebt und den Eintritt in die Junge Union als relativ abwegigen Gedanken empfunden. ...
Mit 17 Jahren war Wissmann Ortsvereinsvorsitzender der Jungen Union in Ludwigsburg und Mitglied im CDU-Kreisvorstand. Als Zwanzigjähriger half er der CDU-Abgeordneten Annemarie Griesinger, die bis dahin nur einen Listenplatz verteidigte, den Wahlkreis Ludwigsburg, seine Heimatstadt, direkt zu erobern und der SPD abzunehmen. Er war 21 Jahre alt, als die Abgeordnete ihn mit nach Bonn nahm, damit er dort als ihr politischer Assistent das Büro hütete. Als Zweiundzwanzigjähriger rückte er in den Bundesvorstand der Jungen Union auf und kümmerte sich um die „Schülerunion", die auf seine Initiative gegründet wurde. Das alles trug sich während der Jahre der Studentenunruhen (Ende der sechziger Jahre) zu, in denen es auch für ihn mitunter „schwierige Gefechtslagen" gab, räumt er ein. Aber er überstand sie alle mit geradem Scheitel und wurde zum Symbol der „anderen" Jugend, die sich vom Zeitgeist nicht ankränkeln ließ.
Mit 24 Jahren war er Chef der Jungen Union. Mit 26 Jahren trat er die Nachfolge von Annemarie Griesinger im Wahlkreis Ludwigsburg an, gewann das Mandat überlegen und rückte im gleichen Jahr in den Bundesvorstand der CDU ein.

(Nina Grunenberg: Alles drängt zum Mittelmaß, Die Zeit Nr. 8 v. 14. 2. 86)

4.3 Die erfolgreiche Kandidatin?
Am Beispiel von Matthias Wissmann läßt sich ablesen, welche Voraussetzungen die Kölner Rektorin mitbringen müßte, um sich in ihrer Partei aussichtsreich um eine Kandidatur zu bewerben. Sie sollte
– seit Jahren im Orts- und Kreisverband ihrer Partei aktiv sein,
– mindestens Mitglied im Vorstand der unteren Parteiebene, besser aber schon kontinuierlich in wichtige Parteiämter der Landesebene aufgestiegen sein,
– und eine parteiinterne „Hausmacht" besitzen, also einer starken Gruppierung angehören, die sie unterstützt.
Allerdings muß sie mit Schwierigkeiten rechnen, selbst wenn sie diese Voraussetzungen erfüllt. Bewirbt sie sich um eine Kandidatur in ihrem Wahlkreis, wird sie auf die skeptische Frage der Parteigenossen stoßen, ob sie als Frau sich gegen die meist männlichen Konkurrenten der anderen Parteien durchsetzen könne. Werden die Wähler im Wahlkreis einer Frau ihre Stimme geben, wenn auch Männer zur Wahl stehen?

Unter den 248 Abgeordneten, die 1983 durch Direktwahl in den Bundestag kamen, sind lediglich zehn Frauen. Von den insgesamt 52 weiblichen Abgeordneten haben sich 42 über die Landeslisten nach Bonn gerobbt. „Noch schlimmer, als von den Wählern die Mehrheit zu ergat-
5 tern", meint dazu ein verständnisvoller Parteifunktionär, „ist es, sich die Mehrheit von der Kreisdelegiertenkonferenz zu verschaffen."

(Nina Grunenberg, Keine Macht den Enkelinnen, Die Zeit Nr. 9 v. 21. 2. 86)

Für die Frauen bleibt also in der Regel nur der Weg über die Liste in den Bundestag, und auch hier müssen sie sich gegen eine harte männliche Konkurrenz durchsetzen. Als ‚Herr Rektor' hätte die Kölner Rektorin daher sicher die größeren Chancen auf eine aussichtsreiche Nominierung – oder aber als Kandidatin bei den Grünen, die prinzipiell jeden zweiten Listenplatz mit einer Frau besetzen.

5. Wie aus Stimmen Mandate werden

Am Wahlsonntag schließen um 18 Uhr die Wahllokale, die Urnen werden geleert, die Stimmen ausgezählt.

© dpa

5.1 Der Grundsatz der „Gleichheit"
Das Grundgesetz stellt auch zur Auszählung der Wählerstimmen eine grundlegende Anforderung: Die Abgeordneten sollen in „gleicher" Wahl gewählt werden.

Gleich
ist eine Wahl, wenn jede Stimme zahlenmäßig den gleichen Einfluß auf das Wahlergebnis ausübt, d. h. den gleichen „Zählwert" hat. Dies war beispielsweise nicht der Fall, als die Universitätsprofessoren in England (bis 1948) mit zwei Stimmen an der Wahl teilnehmen konnten, alle „normalen" Wähler hingegen nur mit einer Stimme, und ihre Stimme folglich nur halb so viel zählte wie die der Professoren.
Ungleich sind die Einflußmöglichkeiten der einzelnen Wähler aber auch, wenn die Zahl der Wahlberechtigten in den Wahlkreisen stark voneinander abweicht. Wohnen beispielsweise in einem ländlichen Wahlkreis 100 Wahlberechtigte, in einem städtischen jedoch 10 000, dann hat der Wähler in dem ländlichen Wahlkreis eine sehr viel grö-

ßere Chance (nämlich 1:100), mit seiner Stimme den Ausgang der Wahl zu beeinflussen als der Wähler im städtischen Wahlkreis (mit 1:10 000).
Im Beispiel der Universitätsprofessoren ist die Verletzung der Zählwertgleichheit ganz offensichtlich. Das Wahlkreisbeispiel zeigt jedoch, daß es auch Ungleichheiten gibt, die sehr viel schwieriger zu erkennen sind, weil sie erst Folge der technischen Ausgestaltung des an sich gleichen Wahlrechts sind.

Der Anforderung nach Stimmengleichheit kann man allerdings mit verschiedenen Verfahren der Stimmenverwertung gerecht werden. In der Bundesrepublik hat man sich für das Verfahren der „personalisierten Verhältniswahl" entschieden.

5.2 Die personalisierte Verhältniswahl
Bei einer Bundestagswahl sollen insgesamt 496 Abgeordnete gewählt werden: 248 davon direkt in den Wahlkreisen, die übrigen 248 über die Landeslisten der Parteien. Die Umsetzung der abgegebenen Wählerstimmen in Bundestagsmandate erfolgt dabei in drei Schritten:

1. Schritt: Die Zweitstimme entscheidet über die Stärke der Parteien
Zunächst werden alle Zweitstimmen einer Partei zusammengezählt und ihr Anteil an der Gesamtzahl der gültigen Zweitstimmen berechnet. Nur die Parteien, die mindestens 5 % der Zweitstimmen gewonnen haben, werden jetzt bei der Verteilung der Sitze im Parlament, d. h. der Mandate, berücksichtigt (Fünf-Prozent-Sperrklausel). Diesen Parteien steht nun ein Anteil an Bundestagsmandaten zu, der ihrem Zweitstimmenanteil entspricht. So hat beispielsweise 1983 die FDP 6,9 % der Zweitstimmen gewonnenen, damit standen ihr ca. 6,9 % der Mandate zu (bzw. etwas mehr, da die 0,5 % der unberücksichtigten Zweitstimmen für die Splitterparteien auf die anderen Parteien umgelegt wurden). Diesen 6,9 % der Mandate hätten 34,2 Sitze im Bundestag entsprochen. Nun kann man aber nicht 0,2 Sitze mit einem Mann oder einer Frau besetzen, sondern selbstverständlich nur ganze Sitze. So gebraucht man hier statt der einfachen Berechnung von Anteilen ein komplizierteres mathematisches Verfahren, mit dessen Hilfe ganze Parlamentssitze so auf die Parteien verteilt werden, daß der prozentuale Zweitstimmenanteil näherungsweise erreicht wird. (Bis 1983 war dies die Methode D'Hondt, danach die Methode Hare/Niemeyer.)

Tabelle 2: Mandate nach dem Zweitstimmenanteil der Parteien im 10. Deutschen Bundestag (Wahl 1983)

	Anteil der Zweitstimmen in %	Mandate nach dem Zweitstimmenanteil ibsolut
CDU/CSU	48,8	244
SPD	38,2	193*
FDP	7,0	34
Grüne	5,6	27
DKP	—	—
NPD	—	—
BWK/KPD	0,5	—
EAP	—	—
Sonstige	—	—
Summe	100,1	498

* Je ein Überhangmandat in Hamburg und in Bremen

Quelle: infas: Politogramm, Bundestagswahl 1983, Bonn-Bad Godesberg, März 1983, S. 21

2. Schritt: Verteilung der Mandate auf die Landeslisten

Wenn also die FDP 6,9 % der Zweitstimmen im gesamten Bundesgebiet erobert hat, wird nun ermittelt, welchen Beitrag die einzelnen Landeslisten zu diesem Gesamtergebnis geleistet haben. Wenn beispielsweise die nordrhein-westfälische FDP ein Drittel der gesamten FDP-Zweitstimmen gewonnen hätte, dann stünden ihr auch ein Drittel der 34 Bundestagsmandate zu. Die Verteilung der Mandate auf die einzelnen Landeslisten erfolgt auch hier wieder mit der mathematischen Methode, mit der bereits die Gesamtanteile der Parteien berechnet wurden.

3. Schritt: Besetzung der Abgeordnetensitze mit Direkt- und Listenkandidaten

Hat man im zweiten Schritt die genaue Anzahl der Bundestagsmandate ermittelt, die auf eine Landespartei entfallen, so müssen die Mandate nun an die einzelnen Kandidaten vergeben werden. Zunächst werden die gewonnenen Direktmandate berücksichtigt. Ein Kandidat, der in seinem Wahlkreis die Mehrheit der Wählerstimmen erobert hat, zieht auf jeden Fall in den Bundestag ein. Hat eine Landespartei nun mehr Sitze gewonnen, als sie mit ihren gewählten Direktkandidaten besetzen, werden jetzt die restlichen Sitze an die Kandidaten der Landesliste vergeben, und zwar in der dort angegebenen Reihenfolge.

Eine Partei, die wie die FDP und die Grünen keine Direktmandate gewonnen hat, schickt alle Abgeordneten über die Landesliste in den Bundestag. Der SPD hingegen ist es 1983 gelungen, in Bremen und Hamburg je 1 Direktmandat mehr zu gewinnen, als ihr nach dem Zweitstimmenanteil in diesen Bundesländern zugestanden hätte. Das Wahlgesetz sieht vor, daß diese überzähligen Mandate der Partei erhalten bleiben (Überhangmandate) und sich die Gesamtzahl der Abgeordneten für die Wahlperiode um die Zahl der Überhangmandate erhöht (1983 von 496 auf 498 Mandate).

Tabelle 3: Mandate der Parteien 1983 (Direkt- und Listenmandate nach Bundesländern)

	CDU/CSU Mandate			SPD Mandate			FDP	Grüne
	insges.	direkt	Liste	insges.	direkt	Liste	insges. = Liste	insges. = Liste
1 Schleswig-Hollstein	10	9	1	9	2	7	1	1
2 Hamburg	5	0	5	7*	7	0	0	1
3 Niedersachsen	29	21	8	26	10	16	4	4
4 Bremen	2	0	2	3*	3	0	0	0
5 Nordrhein-Westfalen	65	39	26	63	32	31	10	8
6 Hessen	21	17	4	20	5	15	4	3
7 Rheinland-Pfalz	16	11	5	12	5	7	2	1
8 Baden-Württemberg	39	36	3	23	1	22	7	5
9 Bayern	53	44	9	26	1	25	6	4
10 Saarland	4	3	1	4	2	2	0	0
Bundestagsmandate insgesamt 498*	244	180	64	193*	68	125	34	27

* Überhangmandate der SPD je 1 in Hamburg und Bremen

Quelle: infas: Politogramm, Bundestagswahl 1983, Bonn-Bad Godesberg März 1983, S. D2 ff.

Auf die Zweitstimme kommt es an

Damit dürfte deutlich geworden sein, warum es den Parteien vor allem auf die Zweitstimme ankommen muß.
Mit der Zweitstimme bestimmen die Wähler, in welchem Kräfteverhältnis die Parteien im Bundestag vertreten sind, daher der Name „Verhältniswahl". Einen direkten Einfluß auf die Personen, die in den Bundestag einziehen, hat der Wähler bei der Hälfte der Mandate, die an die Kandidaten im Wahlkreis gehen, daher der Zusatz „personalisierte" Verhältniswahl.

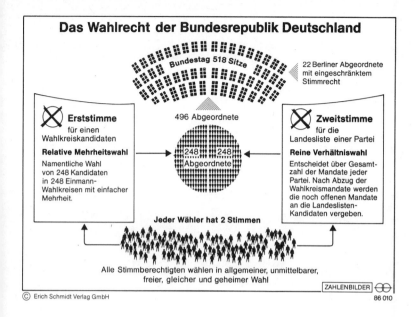

5.3 Relative Mehrheitswahl und reine Verhältniswahl – pro und contra

Von Zeit zu Zeit flackert die Diskussion auf, ob das in einem Land gebräuchliche Wahlsystem ein „gutes" Wahlsystem ist. In der Bundesrepublik wurde hierüber zuletzt in den 60er Jahren gestritten. Dabei lädt sich die Diskussion in der Regel an den beiden gegensätzlichen Polen, der „relativen Mehrheitswahl" und der „reinen Verhältniswahl", auf.

Die relative Mehrheitswahl

Eine relative Mehrheitswahl hätten wir in der Bundesrepublik, wenn alle Bundestagsabgeordneten mit der Erststimme gewählt würden. Dann kämen nur die Abgeordneten ins Parlament, die in ihrem Wahlkreis das Direktmandat erobert hätten.

Sieht man sich die Ergebnisse der Bundestagswahl von 1983 an (S. 48), dann wird deutlich, daß unter diesen Bedingungen nur die großen Parteien, CDU/CSU und SPD, im Bundestag vertreten wären. Die CDU/CSU hätte eine klare Mehrheit der Sitze und könnte alleine die Regierung stellen, die SPD wäre in der Opposition.

Mehrheitswahl

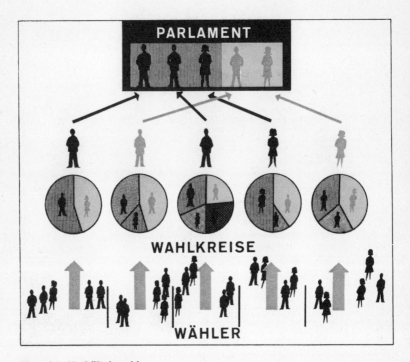

Die reine Verhältniswahl
Bei einer reinen Verhältniswahl hingegen würden nur die Zweitstimmen gewertet, und zwar ohne Sperrklausel. Auch kleinere gesellschaftliche Gruppierungen hätten die Möglichkeit, eine Partei zu bilden und mit einem Abgeordneten im Parlament vertreten zu sein.

Unter dieser Bedingung wird kaum eine der Parteien eine absolute Mehrheit der Sitze bekommen und alleine die Regiernug bilden können. Parteien mit ähnlichen politischen Vorstellungen müßten versuchen, sich auf ein gemeinsames Programm zu einigen und zusammen eine Regierung zu bilden. Die nicht an der Regierungsbildung beteiligten Parteien wären dann in der Opposition.

Verhältniswahl

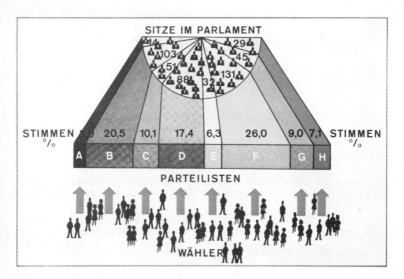

Pro und contra

Die Frage, welches dieser beiden Systeme das bessere ist, hängt davon ab, welche Anforderungen man an ein „gutes" Wahlsystem stellt. Zwei typische Standpunkte beherrschen die Diskussion.
- Die einen fordern, daß das Wahlsystem in erster Linie zu einer deutlichen Mehrheit und damit zu einer funktionsfähigen Regierung führen soll.
- Die anderen hingegen wollen sichergestellt sehen, daß das Meinungsspektrum der Bürger sich im Ergebnis der Wahl und damit im Parlament widerspiegelt.

Die personalisierte Verhältniswahl versucht hier einen Kompromiß. Mit der Fünf-Prozent-Klausel soll eine Zersplitterung des Parlaments in viele kleine Fraktionen bzw. Parteien verhindert und die Bildung einer regierungsfähigen Parlamentsmehrheit erleichtert werden. Mit der Wahl des Direktkandidaten im Wahlkreis soll zugleich die persönliche Bindung des Abgeordneten an seine Wähler gewährleistet und damit ein Vorzug der Mehrheitswahl übernommen werden.
Im folgenden eine Gegenüberstellung der zentralen pro- und contra-Argumente:

Verhältniswahl

Vorzüge:

1. **Spiegelbild der Wählerschaft:** Möglichst getreues Abbild der in einem Volk bestehenden Stimmungen und Auffassungen. Vertretung aller Meinungen der Wählerschaft im Verhältnis zur Stimmenzahl.

2. **Gerechtigkeit der Verhältniswahl:** Die Verhältniswahl ist besonders gerecht, weil
   a) sie auch jede Minderheitsgruppe im Verhältnis ihrer zahlenmäßigen Stärke berücksichtigt,
   b) kein Wähler durch einen Abgeordneten vertreten wird, den er nicht gewählt hat,
   c) jede Stimme gleichen Erfolgswert hat.

3. **Einfachheit:** Leicht verständliches Wahlsystem. In Weimar z. B. für 60 000 Stimmen ein Mandat.

4. **Dynamik des Parteilebens:** Die Verhältniswahl macht Wandlungen und Entwicklungen im Leben der Nation sichtbar; sie gibt Raum für neue Strömungen durch Neubildung von Parteien und verhindert ein Kartell der bestehenden Parteien.

5. **Keine „Wahlkreisgeometrie":** Keine Möglichkeit der Manipulierung von Wahlergebnissen durch Wahlkreiseinteilung im Interesse bestimmter Gruppen.

Nachteile und Einwendungen:

Wahlen dienen der Willensbildung, nicht der Meinungsmessung: Das Parlament soll vor allem eine Regierung bilden und kontrollieren.
Die Verhältniswahl verformt die Parteien nach eigener Dynamik: Programmäßig nahestehende Parteien bekämpfen sich u. U. stärker, weil sie um die gleichen Wählergruppen ringen.

Rein formale Gerechtigkeit: Wenn eine Minderheitsgruppe nach der Wahl in einer Koalition zu großem Einfluß kommt, ist das ungerecht. Bei der Mehrheitswahl hat der Wähler in stärkerem Maße eine politische Entscheidung.

Unübersichtlichkeit der Verrechnung: Der Zusammenhang zwischen Stimmabgabe und Wahlergebnis ist kompliziert. Das Berechnungsverfahren erweckt Mißtrauen.

Parteienzersplitterung und Desintegration: Begünstigung extremer Gruppen und damit Radikalisierung. Bei der Mehrheitswahl werden solche Strömungen in die bestehenden Parteien integriert.

Nur bei vollständiger Verrechnung außerhalb der Wahlkreise durch überregionale Listen. Es gibt wirksame Mittel, um auch bei Mehrheitswahl eine Wahlkreisgeometrie auszuschließen.

6. **Bessere Eignung für Weltanschauungsparteien,** die untereinander stark differenziert sind.

Verhärtung des Weltanschauungskampfes ist bei der deutschen Neigung zur Dogmatisierung der Politik gefährlich.

7. **Bessere Kandidatenauswahl** durch die Parteileitungen über die Listen. Nicht zugkräftige Experten, die aber benötigt werden, kommen ins Parlament.

Machtzuwachs für die Parteileitungen, die schon aus anderen Gründen zu mächtig sind.

8. **Interessenvertretung** ist durch den Interessenverbänden auf den Listen eingeräumten Plätzen gesichert. Versperrt man den Zugang, werden die Interessen auf andere, unkontrollierte Weise wirksam.

Interessenpolitik durch die nur in der Verhältniswahl möglichen reinen Interessenparteien gefährdet die Funktion des Parlaments.

9. **Bessere Berücksichtigung der Frauen,** die bei Mehrheitswahl nur geringe Chancen haben, als Kandidatinnen aufgestellt zu werden.

Mehrheitswahl

Vorzüge:

1. **Stabile Regierungen** als wichtigste Funktion von Wahlen.

2. **Zweiparteiensystem,** zumindest im einzelnen Wahlkreis. Klare Fronten und Verantwortlichkeiten zwischen Regierung und Opposition.

3. **Erzieherische Wirkung.** Der Wähler muß entscheiden: Wer macht die Politik der nächsten vier Jahre? Die Mehrheitswahl wendet sich nicht an die bloße Meinung, sondern an den Willen des Wählers. Zurückstellung weltanschaulicher Erwägungen.

4. **Wettkampfcharakter,** da es in jedem Wahlkreis nur einen Sieger gibt.

5. **Einfachheit** bei relativer Mehrheitswahl. Klarer Zusammenhang zwischen Stimmabgabe und Wahlergebnis.

Nachteile und Einwendungen:

Ungleichheit des Stimmgewichts.

Keine Gewähr für klare Fronten. Es gibt Beispiele dafür, daß die Mehrheitswahl nicht zum Zweiparteiensystem führte.

Enttäuschung bei Wählern, deren Stimme nicht zum Zuge kam.

Lethargie in „sicheren" Wahlkreisen: Die Minderheit meint, keine Chancen zu haben, die Mehrheit glaubt, nicht mehr kämpfen zu müssen.

Stichwahl
Bei absoluter Mehrheitswahl kann es zu einer Stichwahl kommen; sie kompliziert, erschwert und verlängert die Wahl.

Vorzüge:	Nachteile und Einwendungen:
6. **Verhütung der Parteienzersplitterung.**	**Gilt nur bei der relativen Mehrheitswahl.** Andere Systeme der Mehrheitswahl bieten dagegen geringeren Schutz.
7. **Mäßigende Wirkung** für jede der großen Parteien, weil stets Sieg und damit politische Verantwortung möglich. Der Wahlkampf geht im Zweiparteiensystem in der Regel um die in der Mitte zwischen beiden Parteien stehenden Wählergruppen.	**Nur bei Zweiparteiensystem gültig.** Aber auch dabei hängt die „Mäßigung" mehr von den sozialen Verhältnissen als vom Wahlrecht ab.
8. **Personenwahl:** Enge Verbindung zwischen Wählern und Gewählten im Wahlkreis. Der Wähler entscheidet mehr über Personen als über Parteien.	**Die Bedeutung der Parteien** und ihrer Führer wird ungeachtet aller Wahlsysteme immer größer.
9. **Ersatzwahlen als Stimmungsbarometer.**	**Unnötige Häufung der Wahlen.** Bei der Häufigkeit der Wahlen in Deutschland (Landtagswahlen) sind weitere Wahlgänge nicht nötig.
10. **Unabhängigkeit des Abgeordneten von der Partei** durch die unmittelbare Verbindung zum Wähler.	**Wirklichkeit des Parteienstaates** erzeugt überall durchorganisierte und disziplinierte Massenparteien unabhängig vom Wahlrecht (z. B. Großbritannien).
11. **Weniger Interessenpolitik** innerhalb des Parlaments, wenn man vom Lokalinteresse des jeweiligen Abgeordneten absieht.	**Verstärkung der außerparlamentarischen Einflüsse.**

(Joachim Raschke: Wie wählen wir morgen?, Berlin 1967, S. 20, 21)

6. Das Wahlergebnis

In den vorigen Abschnitten haben wir verfolgt, wie die Wahl der Bundestagsabgeordneten vonstatten geht. Doch schauen wir uns die Wahlplakate der Parteien an, so sieht es aus, als ob nicht nur der Abgeordnete zur Wahl stünde, sondern auch der Bundeskanzler, die Bundesregierung, ein bestimmtes politisches Ziel oder gar die Grundlage unserer Gesellschaftsordnung.
Bestimmte Personen wurden herausgestellt mit der Unterzeile „Ihr Abgeordneter in Bonn". Kurt Georg Kiesinger brachte die CDU 1969 auf die Plakate mit dem Hinweis „Auf den Kanzler kommt es an". Auf vielen Wahlplakaten wurden politische Ziele herausgestellt. Für ... (Aufschwung, Sicherheit, Preisstabilität usw.) Die Gegenüberstellung „Freiheit statt Sozialismus" brachte die CDU 1976 in den Wahlkampf.

Was also wählen die Wähler tatsächlich?
Diese Frage könnte man beantworten, indem man die Wähler selbst fragt: „Was haben Sie gewählt? Warum haben Sie so gewählt?" Meinungsforscher tun das ständig, besonders häufig vor Wahlen. Die Antwort darauf ist spannend, jedoch weitaus komplizierter zu ergründen als es auf den ersten Blick aussieht, und die letzten Seiten dieses Leseheftes reichen dafür nicht aus. Deshalb gibt es darüber demnächst ein eigenes Leseheft.
Hier soll die Frage auf eine zweite Weise beantwortet werden. Wir wollen zum Abschluß einmal genauer unter die Lupe nehmen, welche sichtbaren Folgen eine Bundestagswahl hat, was der Wähler letztendlich mit seiner Stimmabgabe bewirken kann.

6.1 Wahl und Regierungswechsel

„Auf den Kanzler kommt es an", warb 1969 die CDU um Wählerstimmen für den amtierenden CDU-Kanzler Kiesinger.
Nun kann man aber auf dem Stimmzettel gar kein Kreuz hinter dem gewünschten Bundeskanzler machen.

Regierungsbildung
... formal
Der formale Weg der Regierungsbildung sieht tatsächlich anders aus: Mit der Wahl bestimmt der Wähler erst einmal nur die Stärke einer Partei im Bundestag. Daraufhin muß sich aber eine Mehrheit der Abgeordneten zusammenfinden, um einen Bundeskanzler zu wählen. Die Zahl der Abgeordneten einer einzelnen Partei reicht hierfür normalerweise nicht aus. Eine der größeren Parteien muß sich einen Koalitionspartner suchen, mit dem sie sich auf einen gemeinsamen Kandidaten für das Amt des Bundeskanzlers einigt. Dieser wird im Bundestag von der Abgeordnetenmehrheit gewählt und vom Bundespräsidenten ernannt. Der Bundeskanzler sucht sich dann seine Minister aus, der Bundespräsident ernennt auch sie, und die Regierungsbildung ist abgeschlossen.

... und faktisch
In der Realität aber ist bereits vor der Bundestagswahl klar, daß nur eine der großen Parteien den Bundeskanzler stellen wird. Der regierende Bundeskanzler steht als Kandidat der größeren Regierungspartei zur Wiederwahl, der Spitzenkandidat der größten Oppositionsparteien bietet sich den Wählern als neuer Bundeskanzler an. Der Wähler weiß damit, daß seine Stimme für eine der großen Parteien zugleich auch eine Stimme für den einen oder anderen Kanzlerkandidaten ist. Gibt er allerdings seine Stimme einer der kleineren Parteien, so kann seine Stimme nur dann ein Votum für einen Kanzlerkandidaten sein, wenn diese Partei vor der Wahl eine Koalitionsaus-

1983: Kabinett der CDU/CSU, FDP Koalitionsregierung Kohl/Genscher

© dpa

sage gemacht hat, d. h. vor der Wahl verbindlich festgelegt hat, mit welcher der größeren Parteien sie gegebenenfalls die Regierung bilden würde.
Schauen wir uns einmal genauer an, welche Regierungswechsel es bisher auf Bundesebene in der Bundesrepublik gegeben hat.

Tabelle 4: Regierungskoalitionen in 10 Wahlperioden

	Regierungs- bildung	Koalitionsparteien	Mandats- zahl
1. Wahlperiode 1349–53	15. 9. 49	CDU/CSU, FDP, DP	212
2. Wahlperiode 1953–57	9. 10. 53 23. 7. 55 16. 10. 56	CDU/CSU, FDP, DP, GB/BHE CDU/CSU, FDP, DP CDU/CSU, DP, FVP	345 326 290
3. Wahlperiode 1957–61	29. 10. 57 20. 9. 60	CDU/CSU, DP CDU/CSU	295 288
4. Wahlperiode 1961–65	17. 11. 61	CDU/CSU, FDP	318

	Regierungs- bildung	Koalitionsparteien	Mandats- zahl
5. Wahlperiode	20. 10. 65	CDU/CSU, FDP	301
→ 1965–69	1. 12. 66	CDU/CSU, SPD	468
6. Wahlperiode → 1969–72	21. 10. 69	SPD, FDP	268
7. Wahlperiode	14. 12. 72	SPD, FDP	284
1972–76	16. 5. 74	SPD, FDP	284
8. Wahlperiode 1976–80	15. 12. 76	SPD, FDP	264
9. Wahlperiode	5. 10. 80	SPD, FDP	282
→ 1980–83	1. 10. 82	CDU/CSU, FDP	291
10. Wahlperiode ab 1983	6. 3. 83	CDU/CSU, FDP	278

→: Regierungswechsel

Quelle: Peter Schindler (Bearbeiter): Datenhandbuch zur Deutschen Geschichte, Bonn 1983, S. 366 f. (Daten für die 1.—9. Wahlperiode); infas: Politogramm, Bundestagswahl 1983, Bonn-Bad Godesberg, März 1983, S. 21 (Daten für die 10. Wahlperiode)

Drei grundlegende Regierungswechsel hat es in der Bundesrepublik seit 1949 in 10 Wahlperioden gegeben:

1966 wurde die christdemokratisch-liberale Koalition aus CDU/CSU und FDP abgelöst, die CDU/CSU bildete zusammen mit der SPD die „Große Koalition", die SPD war damit erstmals an einer Bundesregierung beteiligt.

1969 wurde die Große Koalition abgelöst durch die sozial-liberale Koalition aus SPD und FDP, die CDU/CSU geriet zum ersten Mal nach 20 Jahren im Bund in die Opposition.

1982 fanden CDU/CSU und FDP wieder zu einer Neuauflage ihres alten Bündnisses zusammen.

Keine dieser drei Regierungswechsel war Ergebnis einer grundlegenden Veränderung der Mehrheitsverhältnisse im Bundestag infolge einer Wahl. Ursache waren vielmehr Konflikte in der jeweils alten Koalition und eine Annäherung zwischen einem der Koalitionspartner und der Oppositionspartei. Den Regierungswechsel hat der Wähler direkt in keinem Fall bewirkt, denn den alten Koalitionspartnern wäre jeweils eine Mehrheit der Sitze im Parlament geblieben, die Koalition hätte fortgesetzt werden können.

Die Bildung solcher neuer Koalitionen geschieht allerdings nicht ohne deutlichen Seitenblick auf den Wähler. Die Kalkulation, daß die Befürworter des Kurswechsels die Gegner überwiegen, ist Voraussetzung dafür, daß der Kurswechsel überhaupt gewagt wird.

6.2 Wahl der Regierungspolitik

Was bedeutet ein Regierungswechsel für die Politik? Werden nur die Personen ausgewechselt oder ändern sich auch die Inhalte der Politik?

Kanzler und Minister auf der Regierungsbank im Bundestag

© Süddeutscher Verlag Bilderdienst

Die Meinungen gehen hier weit auseinander:
- Die einen, insbesondere die Politiker, sagen, daß es natürlich ein himmelgroßer Unterschied sei, ob eine Regierung von der SPD – zwischen 1969 und 82 – oder von der CDU/CSU, wie seit 1982 (siehe Abb. oben) angeführt werde.
sei. Seit CDU/CSU und SPD als „Volksparteien" versuchten, Arbeiter und Angestellte, Land- und Stadtbewohner, Katholiken und Protestanten gleichermaßen als Wähler anzusprechen, seien sich ihre Programme und mehr noch ihre konkrete Politik zum Verwechseln ähnlich geworden. Sie unterschieden sich wie die Waschmittel allenfalls noch in der Verpackung.

Wer hat recht?
Mittlerweile gibt es einige Untersuchungen, die dieser Frage nachgehen. Eine deutliche Antwort fällt jedoch auch ihnen schwer. An was könnte das liegen? Nun, ein zentrales Problem ist, sich darauf zu einigen, anhand welcher Merkmale denn diese Unterschiede festgestellt werden können.

Annäherung der Parteiprogramme

Zunächst kann man der Frage nachgehen, ob sich die Parteien wirklich gleichen wie ein Ei dem anderen, oder ob nicht doch Unterschiede zwischen ihnen bestehen. Dazu sollte man sich zunächst einmal die Parteiprogramme genauer anschauen, denn darin legt eine Partei fest, welche politischen Ziele sie erreichen will. Mit diesem Programm bietet sie sich dem Wähler an, mit ihm gibt sie aber auch den einzelnen Parteimitgliedern Richtlinien für die politische Arbeit vor Ort. Sollten sich nun schon die Parteiprogramme nicht voneinander unterscheiden, dann wäre auch kaum ein Unterschied in der Regierungspolitik der Parteien zu erwarten.

Wenn man sich nun die Parteiprogramme der seit 1949 im Bundestag vertretenen und bereits an einer Regierung beteiligten Parteien (also CDU/CSU, FDP und SPD) anschaut, wird man tatsächlich viele Gemeinsamkeiten, aber auch eine Reihe von Unterschieden entdecken. Und man wird feststellen, daß die Unterschiede sich eher in einzelnen Sachfragen zeigen als im Grundsätzlichen. Denn eine Veränderung des bestehenden politischen und wirtschaftlichen Systems wird von keiner dieser Parteien angestrebt. Weder CDU/CSU, noch FDP oder SPD wollen die parlamentarische Demokratie und die auf Privateigentum beruhende „soziale Marktwirtschaft" abschaffen. Wer daher nur nach Unterschieden in solchen grundsätzlichen Fragen sucht, wird so gut wie keine bemerken. Wer jedoch sein Augenmerk auf einzelne Sachfragen lenkt, kann hier durchaus verschiedene Antworten der Parteien zu einer Reihe von politischen Problemen finden, z. B. zu Fragen der Mitbestimmung und der Abtreibung.

Regierungspolitik in gleichen Systemgrenzen
Schaut man sich nun entsprechend die Politik der verschiedenen Regierungen an und vergleicht die Politik einer CDU/CSU-geführten Regierung mit der einer SPD-geführten Regierung, so zeigt sich hier ähnliches wie bei den Parteiprogrammen. Da die seit 1949 an der Regierung beteiligten Parteien alle die bestehenden Strukturen des politischen Systems akzeptieren, bewegt sich folglich auch ihre Regierungspolitik in gleichen Grenzen: Gesetze werden eingehalten, auch wenn sie von der anderen, zuvor regierenden Partei durchgesetzt worden sind; und eine radikal andere Wirtschaftspolitik, die Umsätze und Gewinne der Unternehmen schrumpfen läßt, wird nicht betrieben, denn jede Regierung ist auf Steuern angewiesen, um ihre Politik zu finanzieren – und diese Steuern fließen nur, wenn die Umsätze und Gewinne in der Wirtschaft steigen.

Unterschiede in Einzelfragen
So werden sich Unterschiede in der Regierungspolitik auch wieder eher in Einzelfragen als im Grundsätzlichen zeigen. Um solche Unterschiede in Einzelfragen festzustellen, kann man sich beispielsweise anschauen, welche Maßnahmen eine CDU/CSU-geführte Regierung in einer Situation hoher Arbeitslosigkeit ergreift und mit den entsprechenden Maßnahmen einer SPD-Regierung vergleichen. Doch stellen sich hier zwei weitere Probleme:

Zum einen hat es bisher kaum eine reine CDU/CSU-Regierung (mit einer Ausnahme in der 3. Wahlperiode) noch eine reine SPD-Regierung gegeben, sondern immer nur Koalitionsregierungen mit der FDP (siehe Tabelle 4). Sollten wir nun Ähnlichkeiten in der Regierungspolitik der beiden großen Parteien feststellen, so müssen wir

uns fragen, ob in diesem Fall nicht die Regierungsbeteiligung der FDP zu einer Annäherung der Politik der beiden großen Parteien geführt hat.
Zum anderen sind die Maßnahmen, die eine Regierung ergreift, stark von den Erfordernissen der jeweiligen Situation abhängig. Doch je zwei identische Situationen werden wir kaum vorfinden. So gab es zwar verschiedene Zeitpunkte, in denen die Arbeitslosenquote in der Bundesrepublik gleich groß war, aber die Preise unterschiedlich stark anstiegen, der Außenhandel sich anders entwickelte, die Gewerkschaften und Unternehmerverbände andere Forderungen aufstellten und die wirtschaftswissenschaftlichen Experten den Regierungen andere Ratschläge erteilten. Alle diese Faktoren aber werden von einer Regierung mitberücksichtigt, wenn sie Maßnahmen gegen Arbeitslosigkeit erwägt. So könnte es folglich sein, daß wir zwar Unterschiede zwischen den Maßnahmen einer CDU/CSU-Regierung und einer SPD-Regierung feststellen, daß diese Unterschiede aber eher durch die unterschiedliche Entscheidungssituation als durch die verschiedene Ausrichtung der jeweils führenden Regierungspartei hervorgerufen werden.
Damit dürfte deutlich geworden sein, warum es auch wissenschaftlichen Untersuchungen schwer fällt, eine eindeutige Antwort auf die Frage zu finden, ob ein Wechsel der Regierungspartei denn tatsächlich eine Veränderung der Regierungspolitik bewirkt.

6.3 Der ständige Blick zum Wähler
Der Wechsel der Regierung und ihrer Politik kann Ergebnis einer Wahl sein. In der Bundesrepublik allerdings, so haben wir gesehen, sind Regierungswechsel nicht unmittelbar durch Bundestagswahlen bewirkt worden. Und dennoch müssen wir davon ausgehen, daß sie mit deutlichem Seitenblick auf den Wähler durchgeführt wurden.
So versprach sich beispielsweise die SPD als sie 1966 mit ihrem politischen Widersacher, der CDU/CSU, eine große Koalition einging, dadurch endlich auch in den Augen der Wählermehrheit regierungsfähig zu werden. Die Rechnung ging auf, ihr Ansehen stieg, die Zahl der Wählerstimmen in der Wahl 1969 ebenso.
Den ständigen Blick zum Wähler könnte man als eigentliches „Wahlergebnis" bezeichnen. Geschärft wird dieser Blick durch Meinungsumfragen, die Parteien und Regierung in Auftrag geben, um auch zwischen den Wahlterminen über Meinungen in der Bevölkerung informiert zu sein. Lautstarke Wähler verschaffen sich zudem Gehör über die Presse, konfliktfähige Gruppen über die Organisation in Interessengruppen. Besonders aktive Wähler werden Mitglied in einer Partei.

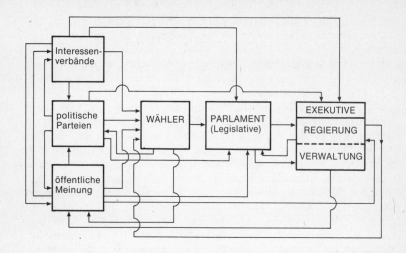

(Walter Wittmann: Verbände in der politischen Willensbildung, in: E.-B. Blümle, W. Wittmann [Hrsg.]: Verbände, Stuttgart 1976, S. 2—5, [S. 3])

Auch eine Regierung, die über mehrere Wahlperioden im Amt bleibt, kann es sich nicht leisten, Stimmungs- und Meinungsveränderungen in der Bevölkerung auf Dauer zu ignorieren, insbesondere nicht, wenn sie ihre Wählergruppen betreffen. Denn ihre Mehrheit ist verlierbar, spätestens bei der nächsten Wahl.
Allerdings setzt dies zweierlei voraus: wachsame Wähler, die der Regierung auf die Finger schauen und in der Lage sind, ihr Mißfallen zu äußern, und eine funktionsfähige Opposition, die diese Kritik aufgreift und eine Alternative zur bestehenden Regierung bietet.
Wenn das gegeben ist, dann wirken Wähler auf die Politik ein, auch wenn die nächsten Wahlen noch zwei oder drei Jahre entfernt sind.

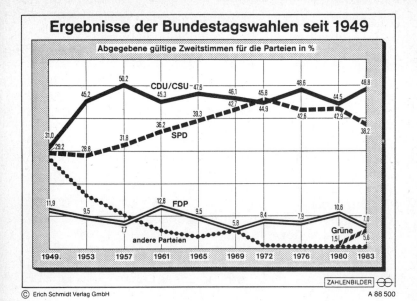

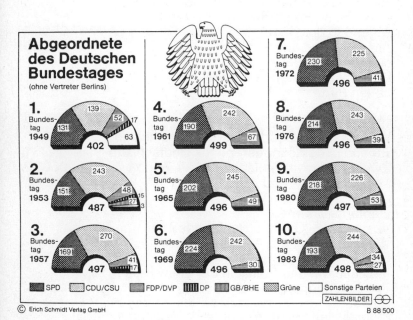

Lesehefte Politik – Gesellschaft – Wirtschaft
Herausgegeben von Jürgen Feick und Herbert Uhl

In dieser Reihe sind bisher erschienen:

Arbeit in der Industriegesellschaft	053111
Wohlstand durch Wachstum?	05312
Vom Hobby zur Massenproduktion	05313
Frauenfragen? Frauen fragen!	05314
Afrika – auf dem Weg zur Selbständigkeit?	05315
Soziale Sicherheit – Sicherheit für alle?	05316
Die weltweite Flüchtlingsnot	05317
Armut und Hunger in der Dritten und Vierten Welt	05318
China auf dem Weg zur Industrienation?	05322
Freizeit – Langeweile und Streß oder Muße und Möglichkeit	05323
Frieden	05324
Neue Medien – verändern sie unser Leben?*	05326

1985 erschienen:

Schule – Chance oder Schicksal*	05321
Neue Gefahr von Rechts? – Neonazis und Rechtsextremisten in der Bundesrepublik Deutschland*	05325
Jugend in der DDR*	05327
Altsein – das dritte Leben*	05328
Neue soziale Bewegung. Vom Umwelt- und Friedensprotest zur neuen Partei*	05329

1987 neu:

Wahlen in der Bundesrepublik Deutschland	05333
Jugend in der Bundesrepublik Deutschland	05331
Zwei Staaten in Deutschland	05332
Mikroelektronik und Arbeit	05334

Geplante Themen:
Ausländer – Gäste oder Fremde?
Wahlverhalten und Analyse
Entwicklung Europas
Institutionen und Politik in der Gemeinde
Wachstum und Umwelt

* Diese Hefte sind mit Lehrerbegleitblatt lieferbar.